辽宁大学先进制造业研究中心

智造强省

发展战略与对策研究

唐晓华 徐雷 等著

中国财经出版传媒集团

经济科学出版社

Economic Science Press

图书在版编目（CIP）数据

智造强省发展战略与对策研究/唐晓华等著 . -- 北
京：经济科学出版社，2022.4
ISBN 978 - 7 - 5218 - 3639 - 4

Ⅰ.①智… Ⅱ.①唐… Ⅲ.①智能制造系统 - 制造工
业 - 工业发展战略 - 研究 - 辽宁 Ⅳ.①F426.4

中国版本图书馆 CIP 数据核字（2022）第 069062 号

责任编辑：孙丽丽 撤晓宇
责任校对：孙　晨
责任印制：范　艳

智造强省发展战略与对策研究

ZHIZAO QIANGSHENG FAZHAN ZHANLÜE YU DUICE YANJIU

唐晓华　徐雷等著

经济科学出版社出版、发行　新华书店经销
社址：北京市海淀区阜成路甲 28 号　邮编：100142
总编部电话：010 - 88191217　发行部电话：010 - 88191522
网址：www. esp. com. cn
电子邮箱：esp@ esp. com. cn
天猫网店：经济科学出版社旗舰店
网址：http：//jjkxcbs. tmall. com
北京季蜂印刷有限公司印装
710 × 1000　16 开　12.5 印张　210000 字
2022 年 4 月第 1 版　2022 年 4 月第 1 次印刷
ISBN 978 - 7 - 5218 - 3639 - 4　定价：52.00 元
（图书出现印装问题，本社负责调换。电话：010 - 88191510）
（版权所有　侵权必究　打击盗版　举报热线：010 - 88191661
QQ：2242791300　营销中心电话：010 - 88191537
电子邮箱：dbts@ esp. com. cn）

前　言

习近平总书记在 2018 年东北三省考察时强调，"以新气象新担当新作为推动东北振兴"。① 李克强总理在今年召开的国家振兴东北地区等老工业基地领导小组会议上强调，东北在国家发展全局中具有重要战略地位。在"十四五"时期加快智造强省建设是落实中央指示精神，实现辽宁全面振兴、全方位振兴的重要战略举措。

智能制造是工业（制造业）发展演进的必然趋势。纵览世界工业发展演进的历史进程，自英国第一次工业革命以来，工业就成为世界各国经济发展的重要支撑，是全球市场竞争的焦点，这一铁律亘古不变。无论是世界上发达国家，还是国内发达地区的发展经验都验证了这一历史演进规律。进入 21 世纪以来，智能制造伴随着信息技术的普及而不断获得迅猛发展，得到了发达国家的普遍关注，尤其是 2008 年的金融危机以后，发达国家意识到以往工业化传统发展模式的弊端，制定了新的"重返制造业"发展战略，把智能制造作为未来制造业夺取国际竞争优势的主攻方向，并积极给予战略上的谋划和政策上的支持。从全球智能制造发展的态势来看，美日德等国在全球位列智能制造前端，其他国家也在积极布局智能制造的发展。毫无疑问，智能制造必将是制造业发展的必然趋势。

智能制造是新时代辽宁振兴的必然选择。智能制造是制造业发展到现代的一种制造方式，其本质特征就是智能化。智能化是新一轮产业革命发展的必然产物，是全球制造业未来发展的必然，更是新时代赋予制造业的使命担当！目前，以美日德为代表的发达国家纷纷制定智能制造发展战略，积极打造智能制造共享平台，系统构建智能工厂，进而成为全球智能制造的领导者，提升制造业在全球市场中的地位。不难看出，世界制造强国在智能制造

---

① 央视网，2018 年 9 月 28 日 19：32。

领域的竞争愈演愈烈。反观国内，智能制造业也呈强势发展态势，且已形成了四大聚集区：环渤海地区形成了"核心区域"与"两翼"错位发展的产业格局；长三角地区形成了特色鲜明智能制造装备产业集群；珠三角地区形成了产业特色的智能制造应用示范区；中西部地区形成了重大集成智能装备产业集群。我们必须认识到，辽宁经济的兴起源于工业发展，辽宁的振兴也必然依赖于工业，这也是如何审视辽宁全面振兴应有的胸怀和信念。因此，辽宁振兴首先也必然是工业振兴。智造强省战略无疑是新时代辽宁走向全面振兴、全方位振兴的不二选择。

2022 年 2 月于沈阳

目　录

第一章 制造业智能化发展趋势与智能制造系统

第一节 "工业4.0"时代与"智能制造"革命

一、四次工业革命与工业4.0时代

(一)前三次工业革命历程

1. 第一次工业革命

18世纪末,第一次工业革命在英国开端,蒸汽动力迅速代替了人力和畜力,推动了制造业的机械化,英国也由此成为"世界工厂"和世界一流强国。随着生产技术的变革和生产力水平的提升,原始的以家庭为单位的生产组织模式无法满足时代的需求,新兴的工场迅速发展,分工不断扩大。到了19世纪,随着机器工业的发展,"工场系统"已逐渐形成。

但是,尽管机械化大大节省了人力,提高了效率,但在很多行业中,由于机器设备没有统一的标准,生产出的产品千差万别,零配件之间的可替换性差,这就制约了生产规模的进一步提升和成本的进一步下降。以19世纪末的汽车生产为例,由于汽车装配仍主要依靠工人手工操作,因此装配质量千差万别,一致性和可靠性都难以保证,且产量小、成本高,价格昂贵。

2. 第二次工业革命

一个世纪之后,第二次工业革命引入了装配线,开始使用石油、天然气

和电力。这些新型能源，加上更先进的电话和电报通信手段，带来了大规模生产，生产流水线被正式引入并推动了制造业的标准化。其中，在最典型的美国汽车产业生产方式所经历的变革中，新技术的应用大幅度提高了生产效率、降低了成本，推动汽车走进了家庭。

1908 年，亨利·福特在生产 T 型汽车时，实现了零件互换和简单的连接操作。为了最大限度地利用劳动分工，福特设计了流水线，并把 T 型车的生产分为 7 882 道工序，使得每道工序的任务变得非常简单①。这种生产流水线的引入标志着标准化大批量生产方式的诞生，实现了生产方式的一次伟大变革。

3. 第三次工业革命

20 世纪中叶，新科技革命引发了第三次工业革命。首先是计算机引入到制造业的生产流程中，继而，先进的通信设备和数据分析技术也在制造业中得到应用，制造工厂开始向自动化升级。这种自动化首先要将可编程逻辑控制器（Programmable Logic Controller，PLC）嵌入机器，帮助一些流程实现自动化，并收集和共享数据。进而，将各种加工自动化设备和柔性生产线（Flexible Production Line，FML）连接起来，配合计算机辅助设计（Computer Aided Design，CAD）和计算机辅助制造（Computer Aided Manufacturing，CAM）系统，在中央计算机统一管理下协调工作，使整个工厂生产实现综合自动化。

（二）第四次工业革命与"工业 4.0"时代

我们现在处于第四次工业革命阶段，其特征是自动化程度不断提高和运用智慧工厂，它们根据数据获取洞察，能够更高效地生产商品。灵活性得到提高，这样制造商就能利用大规模定制更好地满足客户需求。在许多情况下，最终目的都是集效率和规模于一身。通过从车间收集更多数据，并将其与其他企业运营数据相结合，智慧工厂能够做出更明智的决策。

所谓"工业 4.0"（Industry 4.0），是基于工业发展的不同阶段作出的划分。按照目前的共识，"工业 1.0"是蒸汽机时代，"工业 2.0"是电气化

---

① 朱文海、施国强、林廷宇：《从计算机集成制造到智能制造》，电子工业出版社 2020 年版，第 52 页。

时代，"工业3.0"是信息化时代，"工业4.0"则是利用信息化技术促进产业变革的时代，也就是第四次工业革命的智能化时代。这个概念最早出现在德国，在2013年的汉诺威工业博览会上正式推出，其核心目的是为了提高德国工业的竞争力，在新一轮工业革命中占领先机。

从经济学的视角看，"工业4.0"的本质是通过人工智能、物联网、虚拟现实等新科技革命中涌现出的大量新技术赋能传统制造业，使其将同质化的大规模成本优势与差异化的个性化定制相结合，形成客户驱动的生产模式，实现制造业的价值提升。

二、制造业向智能化迈进的三阶段

第一次工业革命推动工场手工业向机械化工厂发展，从第二次工业革命开始，随着科学技术的不断取得突破，制造业的发展大致经历了标准化工厂、自动化工厂和智能化工厂三个阶段（如图1-1所示）。

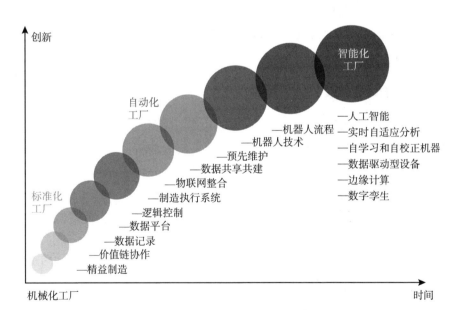

图1-1 制造业梯度发展的三阶段

资料来源：IBM Institute for Business Value。

（一）标准化工厂

标准工厂基于历史数据而非实时数据对生产进行监控，利用制造执行系统（Manufacturing Execution System，MES）等技术和概念对车间运营进行升级。MES 跟踪和监控有关产品生命周期和运营的当前数据。目标是保证流程的有效性。

精益生产（lean manufacturing）是优化工厂的第一步。然而，标准工厂通常还没有将最先进的技术，如机器学习和物联网，注入到生产实践中。例如，供应链协作要求区块链对生产车间的供应商网络具有实时、可信、端到端的可见性。质量控制措施可以包括具有光指示的订单履行、材料和产品的本地跟踪以及预测性警告。

标准化工程能够与客户、供应商和物流提供商进行价值链协作（value chain collaboration），这有助于制造商更好地应对其供应链和需求链的变化，并主动更新其生产计划。但这些协作往往基于历史数据或聚合数据源，而无法实现生产链条上的信息实时传输。尽管效率有很大提高，但通常大多数标准工厂都无法满足短交货期和小批量的适应性生产的要求，从而在智能工厂领域保持更大的竞争优势。

（二）自动化阶段

自动化工厂向前迈出了一大步。它定义了硬件和软件机器人的指令，以一致地执行任务，没有人为错误。因此，实时分析可以更精确，并且可以创建高度改进的预测模型。当制造商通过实时分析增强其供应链数据流时，他们可以快速解决对质量、成本或供应的影响。但斯奈德等（Snyder et al.，2020）最近的调查显示，只有 39% 的制造商的供应链数据是实时可用的。[①]

从制造业的发展实践看，生产自动化和机器人的应用已经有几十年的历史，并已成为现代制造业的重要组成部分。然而，单纯的自动化和机器人并未将智能赋予生产流程。一般来说，生产自动化是建立在控制系统和

---

① Snyder, Skip, Meek, David, Lehtonen, Tomipekka., and Kiradjiev Plamen. Smart Manufacturing［R］. IBM Institute for Business Value, 2020.

编程语言的基础上的，这些系统和语言不能完全适应复杂的内部和外部变化条件。一个孤立的机器人在执行它的任务时可能是有效的，但同一个机器人无法优化客户订单，也无法实质性地影响整个生产设施的整体设备效率。

（三）智能化阶段

自动化的下一个飞跃将需要机器人以优化的方式连接和协同工作。例如，随着自动化行业向更开放的协议发展，协作机器人和其他变革性的智能技术蓬勃发展。自动化促进了诸如批量生产、自愈工厂以及将机器人应用于需要人机交互的领域等创新。最新的自动化技术可以在制造框架内进行数据共享和共同创建，向其他单位学习，并实现工厂整体优化。

智能工厂的基础是边缘计算和云计算基础设施，用人工智能（Artificial Intelligence，AI）算法为本地化的优化和连接的资产提供大数据支持。在智能工厂的生产车间里，生产设备整合了多种传感器，从而使有形产品的生产过程同步生产了无形的数据资源。AI 算法对这些数据进行分析和学习，从而实现对生产流程的控制和优化。

三、"智能制造"的概念与内涵

（一）智能制造的概念

智能制造（intelligent manufacturing）的概念最早是由美国学者怀特（Wright）和伯恩（Bourne）于 1988 年在其出版的著作《智能制造》（*Man-ufacturing Intelligence*）一书中提出的。他们将智能制造定义为"通过集成知识工程、制造软件系统、机器人视觉和机器人控制，针对专家知识与工人技能进行建模，进而使智能机器可以在无人干预状态下完成小批量生产的过程"①。随着智能制造技术的不断发展，各界对智能制造的认识也在不断深入。智能制造是智能技术和制造技术的融合，是物联网、机器人与自动化系

---

① Wright P. K. , Bourne D. A. *Manufacturing Intelligence* ［M］. Boston：Addison - Wesley, 1988：100－102.

统、智能终端与云端技术的融合（Vining et al.，2015[①]；陈浩哲，2019[②]；汤临佳等，2019[③]）。

《智能制造发展规划（2016～2020 年)》指出，智能制造是基于新一代信息通信技术与先进制造技术深度融合，贯穿于设计、生产、管理、服务等制造活动的各个环节，具有自感知、自学习、自决策、自执行、自适应等功能的新型生产方式。

（二）智造工厂建设的一般路径

智能制造首先建立知识库/知识工程（知识化），然后进行动态传感/实时感知（感知化），最后进行自主学习/自主决策（自主化、自决策），倡导流程的可视化与透明化、可预测化（Wang，2019[④]；吕文晶等，2019[⑤]）。

当前，发展一个智能制造工厂的一般思路和过程如下。首先是通过构建物联网实现万物互联。在生产制造的各环节之间形成数据和信息流通的可靠通道，构成智造工厂的神经网络。其次，通过云计算和边缘计算设备的引入，形成制造工厂的超级大脑，用 AI 算法对工厂的生产进行控制、监督和优化。智能制造将材料、机器、方法、测量、维护和数据知识管理等集成在一起，将精益的理念、AGV 小车、AR/VR、机器视觉、图像识别、语音交互和大数据分析等技术深度融合形成一个工厂大脑，形成智能化制造（李伯虎等，2018[⑥]；孟凡生和赵刚，2018[⑦]；朱非凡，2019[⑧]）。一些学者给出了企业实现智能化的具体路径（刘强等，2018[⑨]；刘强，2020[⑩]）：工艺流程

---

① Vining G．，Lahci M．，Pedersen S. Recent Advances and Future Directions for Quality Engineering [J]．*Quality and Reliability Engineering*，2015，32（3）：863 – 875.
② 陈浩哲：《面向智能制造的作业车间调度研究》，北京邮电大学硕士学位论文，2019 年。
③ 汤临佳、郑伟伟、池仁勇：《智能制造创新生态系统的功能评价体系及治理机制》，载《科研管理》2019 年第 7 期。
④ Wang L．：《从智能科学到智能制造》，载《Engineering》2019 年第 5 卷第 4 期。
⑤ 吕文晶、陈劲、刘进：《工业互联网的智能制造模式与企业平台建设——基于海尔集团的案例研究》，载《中国自然科学》2019 年第 7 期。
⑥ 李伯虎、柴旭东、张霖等：《新一代人工智能技术引领下加快发展智能制造技术，产业与应用》，载《中国工程科学》2018 年第 4 期。
⑦ 孟凡生、赵刚：《传统制造向智能制造发展影响因素研究》，载《科技进步与对策》2018 年第 1 期。
⑧ 朱非凡：《云制造环境下资源动态调度研究》，长春工业大学硕士学位论文，2019 年。
⑨ 刘强、卓洁、郎自强等：《数据驱动的工业过程运行监控与自优化研究展望》，载《自动化学报》2018 年第 11 期。
⑩ 刘强：《智能制造理论体系架构研究》，载《中国机械工程》2020 年第 1 期。

自动化—制造设备的自动化—运营的智能化。首先是工艺流程的自动化，其次是制造设备的自动化，最后才是智能化。制造设备的自动化是制约智能化的重要因素，也是企业智能制造转型升级的瓶颈所在。在智能制造转型中，要注意遵循"产品智能—工具智能—过程智能—服务智能"以及"智能单元—智能产线—智能车间—智能工厂"等循序渐进的过程，形成智能生产、智能管理和智能物流的集成优化①。

（三）中、美、德智能制造发展战略

随着新一轮科技革命的深入展开，制造业正迎来一场深刻的变革，全球主要工业国均主动迎接变革，并积极寻求在变革中的引领地位以实现工业优势的保持和扩大。为此，全球主要工业化国家相继实施了促进制造业升级的战略（见表1-1）。

表1-1　　　　　中国、德国和美国制造业智能化升级战略比较

项目	"中国制造2025"+"智能制造"发展规划	德国"工业4.0"	美国制造业复兴计划
发起者	工信部	联邦教研部与联邦经济技术部	智能制造领袖联盟（Smart Manufacturing Leadership Coalition，SMLC）
发起时间	2015年和2016年	2013年	2011年
定位	国家工业中长期发展战略	国家工业升级战略，第四次工业革命	美国"制造业回归"的一项重要内容
特点	信息化和工业化的深度融合	制造业和信息化的结合	工业互联网革命，倡导将人、数据和机器连接起来
目的	增强国家工业竞争力，在2025年迈入制造业强国行列，新中国成立100周年时占据世界强国的领先地位	增强国家制造业竞争力	专注于制造业、出口、自由贸易和创新，提升美国竞争力

①　王福红、常健聪、郭政：《智能制造背景下质量管理的未来发展与变革》，载《智能制造》2021年第2期。

项目	"中国制造2025"+"智能制造"发展规划	德国"工业4.0"	美国制造业复兴计划
主题	智能制造，互联网+	智能工厂、智能生产、智能物流	智能制造
实现方式	通过智能制造，带动产业数字化水平和智能化水平的提高	通过价值网络实现横向集成、端到端数字集成横跨整个价值链、垂直集成和网络化的智造系统最终形成纵向集成	以"软"服务为主，注重软件、网络、大数据等对于工业领域服务方式的颠覆
重点技术	工业互联网与智能制造	CPS信息物理融合	工业互联网

资料来源：梁乃明、方志刚、李荣跃、高岩松等编著：《数字孪生实践：基于模型的数字化企业（MBE）》，机械工业出版社2019年版，第3页。

　　2009年6月，奥巴马时期的美国政府正式提出重振制造业战略，并陆续通过《2009复兴与再投资法案》和《2010制造业促进法案》等促进政策，陆续实施了《重振美国制造业框架》、"国家出口倡议"、"先进制造业伙伴关系"计划、"材料基因组计划"、"国家机器人计划"以及《美国创新战略》等计划和措施。到特朗普时期，甚至不惜挑起与中国的贸易摩擦以期维持其在先进制造领域的全球地位。

　　"工业4.0"由德国产业界提出，2011年被德国政府作为高科技战略2020行动计划的战略组成部分。2012年10月，在德国联邦教育与研究部支持下，"工业4.0"工作小组推出"工业4.0"研究建议书。2013年4月，在联邦政府支持下，"工业4.0"实施建议最终版发布，并在汉诺威工业博览会上推出"工业4.0"研究项目和平台。2014年8月，德国联邦政府出台《数字议程（2014~2017）》，倡导数字化创新驱动经济社会发展，为德国建设成为未来数字强国部署战略方向，作为德国《高技术战略2020》的十大项目之一。"工业4.0"和"数字议程"旨在以信息物理系统（Cyber - Physical System，CPS）为契机，通过物联网和服务网的应用，使制造业生产由集中式控制模式向分散式增强型控制模式转变，从而建立起一个高度灵活的个性化和数字化产品与服务生产模式，保持德国制造的领先优势。

　　2015年，我国正式提出了"中国制造2025"发展战略，2016年制定了《智能制造发展规划（2016~2020）》，2021年4月，工业和信息化部发布了

《"十四五"智能制造发展规划（征求意见稿)》。这些战略的实施，正在有力推动我国制造业借助新一轮科技革命向智能制造转型升级。在此过程中，工信部启动了众多企业的智能化改造项目，从数字化车间、智能工厂、工业物联网应用等，越来越多的企业在政府支持下建立了智能化系统，提升了竞争力。

第二节　智能制造系统

一、智能制造系统的构成

依据《国家智能制造标准体系建设指南（2018 年版)》（以下简称《指南》），智能制造系统架构从生命周期、系统层级和智能特征三个维度对智能制造所涉及的活动、装备、特征等内容进行描述，主要用于明确智能制造的标准化需求、对象和范围，指导国家智能制造标准体系建设（见图 1 –2）。

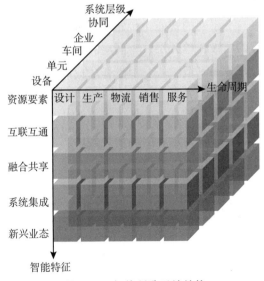

图 1 –2　智能制造系统结构

资料来源：工业和信息化部、国家标准化管理委员会：《国家智能制造标准体系建设指南（2018 年版)》。

（一）生命周期

依据《指南》，"生命周期是指从产品原型研发开始到产品回收再制造的各个阶段，包括设计、生产、物流、销售、服务等一系列相互联系的价值创造活动"。

以智能设计为例，随着人工智能科技的不断进步，智能化设计迅速发展，从常规设计到联想设计再到进化设计；从多专家系统协同技术的引入到多种推理机制的综合应用，使设计工作与人工智能的融合越来越紧密。在生产、物流、销售和服务方面，数字经济已经使数据成为了一种无形的生产要素，而人工智能成为了这种要素的使用者，生产和营销模式被深刻地改变，价值创造的逻辑正发生着深刻的变化。

（二）系统层级

依据《指南》，"系统层级是指与企业生产活动相关的组织结构的层级划分，包括设备层、单元层、车间层、企业层和协同层"。其中，设备层即是制造业企业所使用的生产设备，在智能化生产过程中，传统的设备被实施智能化改造，通过与一系列的智能化传感器相融合，实现实际物理流程并感知和操控物理流程的层级；单元层、车间层和企业层则是制造企业内部由下至上的生产单元，在智能制造时代，信息在企业内部实现实时传递，企业管理也在人、信息系统和物理系统的交互融合下更加全面化、精细化和柔性化；在协同层，本企业内部信息与外部进行交互共享，在物联网和云端实现协同设计、协同制造、资源共享、信息共享和供应链协同等功能。

（三）智能特征

依据《指南》，智能特征是指基于新一代信息通信技术使制造活动具有自感知、自学习、自决策、自执行、自适应等一个或多个功能的层级划分，包括资源要素、互联互通、融合共享、系统集成和新兴业态五层智能化要求。其中，资源要素是企业生产过程中所要使用的资源和工具，智能化工厂将实现资源和工具数字化；智能制造时代的互联互通即是指万物互联，通过5G等新一代通信技术的应用，实现装备之间、装备与控制系统之间，企业之间相互连接功能的层级；融合共享是在协同层推动本企业与其他企业的资源共享，这种共享需要在保障信息安全的条件下，通过数字技术的广泛应用来实现。系统集成是指企业实现智能装备到智能生产单元、智能生产线、数字化车间、智能工厂，乃至智能制造系统集成过程的层级；新兴业态是企业为形成新型产业形态进行企业间价值链整合的层级。

智能制造的关键是实现贯穿企业设备层、单元层、车间层、工厂层、协同层不同层面的纵向集成，跨资源要素、互联互通、融合共享、系统集成和新兴业态不同级别的横向集成，以及覆盖设计、生产、物流、销售、服务的端到端集成。

二、典型智能制造工厂的技术架构

依据智能制造的系统层级，我们对典型智能制造工厂的技术架构进行分解，可分为协同层、企业层、车间层、控制层（单元层）和设备层五个层面[①]（见图 1 - 3）。

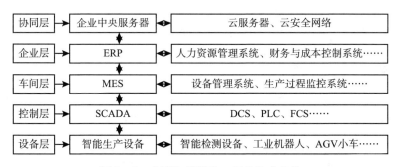

图 1 - 3　典型智能制造工厂的技术架构

（一）协同层

协同层建立本企业与其他企业之间的高效连接，在保障信息安全的条件下，实现资源共享。协同层主要由云安全网络、云服务器、企业中央服务器和企业数据中心等要素构成，将企业个体组成有机连接的产业生态系统，实

---

① 王进峰：《智能制造系统与智能车间》，化学工业出版社 2020 年版，第 17～20 页。

现协同研发、智能生产、精准物流、实时数据分析计算和服务。

（二）企业层

在企业层，企业资源计划系统（Enterprise Resource Planning，ERP）是当前被广泛应用的智能工厂企业层控制技术。ERP 由财务与成本控制系统、战略与投资管理、人力资源管理系统、项目管理系统、供应链管理和客户关系管理等要素组成，这些系统与企业大数据中心、云计算网络相结合，能够对企业生产过程进行充分的挖掘、分析、监控和优化，从而更加合理地调配企业资源，有效降低企业生产经营成本。

（三）车间层

在车间层，制造执行系统（Manufacturing Execution System，MES）用于生产运营的综合管理，控制着整个生产过程。一方面，MES 与企业层 ERP系统相连，接受 ERP 的指令；另一方面，MES 向下通过各种控制系统向智能生产设备下达指令。ERP 和 MES 这两个系统在制造企业信息系统中处于绝对核心的"C 位"，企业要建立健康的智能"神经系统"，ERP 和 MES 就像"任督二脉"一样，必须打通它们，形成一个完整的计划、控制、反馈和调整的系统，使整个生产过程逐步实现数字化[①]。

（四）控制层（单元层）

在控制层，监控与数据采集系统（Supervisory Control and Data Acquisition，SCADA）、分布式控制系统（Distributed Control System，DCS）、可编程逻辑控制器（Programmable Logic Controller，PLC）和现场总线控制系统（Fieldbus Control System，FCS）等形成一个控制单元，将 MES 的指令传达到智能设备，实现对工厂生产活动的控制与监控，并反向将生产过程的数据向上传达。

（五）设备层

设备层主要由智能生产设备构成，具体可包括工业机器人、智能物流设

---

① 吕惠芳：《智能制造——新技术、新商业、新管理颠覆产业发展》，中国商业出版社 2020 年版，第 40～43 页。

备、智能检测设备、自动导引运输车（AGV）、自动化立体仓库（Automatic Storage and Retrieval System，AS/RS）、射频识别（Radio Frequency Identification，RFID）、微机电系统（Microelectro-mechanical System，MEMS）等各种传感器、智能仪表和条码等要素构成，这些智能生产设备在新一代网络通信技术的加持下，能够使机器之间达到互通（Machine-to-Machine，M2M），通过物联网的构建实现设备互联的智能化生产模式。

目前，在智能工厂的建设中，数控机床和工业机器人是两个核心生产设备。数控机床具备程序控制系统，这一系统能够接收数字化的程序指令对设备进行控制。工业机器人是用于工业部门的多关节机械手或高自由度机器，可以由人类指挥，在预先编程的程序中运行。工业机器人广泛用于汽车制造和电子设备制造领域，可以高效、准确、连续地完成焊接、涂装、装配、物流、测试等工作。

三、智能制造的关键技术和设备

（一）5G 技术

所谓5G，即第五代移动通信技术，它具有高速率、低时延和大连接的优势。当前，我国正全面推动5G网络建设，这必将加速我国数字经济的发展步伐。

2018年底，我国三大运营商获得全国5G中频频谱（2.6GHz、3.4～3.6GHz、4.8～4.9GHz），2019年6月取得5G商用牌照，当年即已建成超过13万个5G基站（其中，中国移动5万个，中国联通4万个，中国电信4万个），覆盖中国50多个城市，其中北京、上海、广州等城市核心城区实现连续覆盖。[①] 2021年，我国三大运营商全年新建5G基站超过65万个，5G基站总数达到142.5万个，5G投资额达到1 849亿元。[②]

中国制造业的智能化转型旨在提高生产效率和质量检测的准确性，并降低工厂运营和管理成本。这种转变关键依赖于低时延连接，以实现精确阈值

---

① Pablo Iacopino，David George，Yiru Zhong：《5G时代的边缘计算：中国的技术和市场发展》，GSMA Association，2020年，第23页。
② 工信部：《2021年通信业统计公报》，工信部网站，2022年1月25日。

和实时分析。5G 的理论往返时延标准为低于 1 毫秒，且网络切片可以有效保障 QoS，这对工厂而言具有吸引力。为了实现该时延标准，边缘计算基础架构的服务器应部署在工厂附近（工厂内最佳）。此外，工厂中应用各种设备（摄像头、机器人、机器和传感器等），大多数设备需要相互协同。在边缘场景中，工厂设备收集的数据通过无线网络传输到边缘平台，边缘平台与工厂管理系统对接。最终目标是建立自动化工厂[①]。

（二）工业通信网络技术

在智能制造工厂中，企业的生产运营会使用并产生大量的数据资源，这些数据资源就像智能工厂的血液，需要高效畅通地在企业内部流动，这就需要对工业通信网络技术进行应用。

目前，工业通信网络分为有线网络与无线网络两种类型。现场总线、工业以太网和光纤网络、时间敏感性网络（Time Sensitive Networking，TSN）等属于有线网络。无线通信网络则可分为短距离通信技术、专用工业无线通信技术和蜂窝无线通信技术等几种类别，具体包括 RFID、Zigbee、短距离通信技术（Wi - Fi）；WIA - PA/FA、无线 HART、专用工业无线通信技术（ISA100. 11a）；4G、5G、无线蜂窝通信技术（NB - IoT）等。目前，在智能工厂生产运营中，有线通信技术被广泛采用，而无线技术则正加速渗透，已成为有线网络的重要补充。

（三）射频识别技术

射频识别（Radio Frequency Identification，RFID）技术是一种非接触的自动识别技术，其基本原理是利用射频信号或空间耦合的传输特性，实现对物体或商品的自动识别。RFID 系统一般由标签、读写器和中央处理单元三个部分组成。标签由耦合天线及芯片构成，每个标签具有唯一的电子产品代码，并附着在标识的物体上。读写器用于读写标签信息，其外接天线可用于收发无线射频信号。中央处理器单元包括中间件和数据库，用以对读写的标签信息进行处理[②]。

---

① Pablo Iacopino，David George，Yiru Zhong：《5G 时代的边缘计算：中国的技术和市场发展》，GSMA Association，2020 年，第 45 页。
② 王进峰：《智能制造系统与智能车间》，化学工业出版社 2020 年版，第 8 页。

该技术同其他的自动识别技术（例如条形码技术、光学识别和生物识别技术，包括虹膜、面部、声音和指纹识别技术）相比，具有抗干扰能力强、信息量大、非视觉范围读写和寿命长等优点。RFID 技术与智造技术相结合，能够实现各种生产数据采集的自动化和实时化，及时掌握生产计划和MES 的运行状态；能够有效地跟踪、管理和控制生产所需资源和在制品，实现生产过程的可视化管理；能够加强生产现场物料调度的准确性和及时性，加强过程监控，提高 MES 的整体运行效率①。

（四）工业机器人

依据国际机器人联合会（International Federation of Robotics，IFR）的定义，工业机器人是可在三个或更多轴上编程的自动控制、可重复编程的多用途机械手，它既可以固定位置，也可以移动地在工业自动化中应用②。依据IFR 的统计数据，2019 年中国工业机器人装备量达到 14 万台，在全球遥遥领先（见图 1 - 4）。

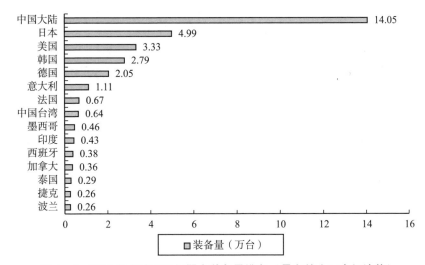

图 1 - 4　2019 年全球工业机器人装备量排名（最多的十五个经济体）

资料来源：国际机器人联合会，https：//ifr. org/industrial-robots。

---

① 王进峰：《智能制造系统与智能车间》，化学工业出版社 2020 年版，第 8 页。
② International Federation of Robotics. Industrial Robots. 2021 - 05 - 15，https：//ifr. org/industrial-robots。

工业机器人按用途可大致分为四类①，即移动机器人（automated guided vehicle，AGV）、焊接机器人、装配机器人、喷涂机器人（spray painting robot）。从 2013 年开始，中国的工业机器人装配量就已经跃居世界第一②，但高端机器人仍然依赖于进口。核心控制器是工业机器人的大脑，但我国目前对核心控制器核心算法的掌握还不够全面，导致高端工业机器人与国际先进水平还有所差距。目前，全球工业机器人领域的"四大家族"是发那科（日本）、ABB（瑞士）、安川（日本）、库卡（德国）的产品。由于核心算法上的差距，国产工业机器人的稳定性、故障率、伺服系统响应速度等都需要进一步提升。

（五）云计算

2006 年，谷歌率先提出了"云计算"的概念，之后，IBM、微软等国际 IT 企业迅速跟进并推动其成为 IT 产业发展的热潮。经过十多年的高速发展，云计算的商务模式和技术模式为越来越多的政府、企业和个人所接受，带动了整个信息技术产业的高速发展。

从广义上讲，云计算即利用互联网的高速传输能力，将计算、存储、网络、应用软件及其他服务等资源从原来分布式的个人计算机、服务器中移植到在互联网中集中管理的高性能服务器、虚拟服务器中，从而使用户可以像使用电力一样使用这些资源③。它是虚拟化（virtualization）、网格计算（grid computing）、面向服务的架构（Service - Oriented Architecture，SOA）技术等概念相互融合演进而得到的结果。云计算提供了一个全新的基于互联网的商业服务模型，即用户可以通过互联网以按需、可扩展、按量付费的方式租用需要的服务。表 1 - 2 为与云计算相关的要素及其从接入模式、参与角色、服务模式等对云计算的各种要素进行了说明。

---

① 王进峰：《智能制造系统与智能车间》，化学工业出版社 2020 年版，第 3 ~ 4 页。
② 《中国连续 6 年成为全球最大工业机器人应用市场》，中国政府网，http：//www. gov. cn/xinwen/2019 - 08/26/content_5424437. htm，2019 年 8 月 26 日。
③ 孙傲冰、姜文超、涂旭平、劳作娟：《云计算、大数据与智能制造》，华中科技大学出版社 2020 年版，第 7 ~ 8 页。

表 1 - 2   云计算各要素定义

序号	要素	定义
1	一种接入模式	用户能够通过网络接入云平台可扩展的物理或虚拟资源池，并以按需和自服务的方式对资源进行部署和管理
2	两种角色	云平台中至少包括两种角色：一种是资源或服务的提供者，即将资源以租代售，由买产品变为卖服务，提高资源利用率并降低服务成本；另一种是资源的使用者，即以租代买，通过互联网获取资源和服务，以提高投资回报率
3	三种服务模式	云平台有三种常见服务模式，即软件即服务（SaaS）、平台即服务（Paas）、基础架构即服务（IaaS）
4	四种部署模式	云平台有四种常见部署模式，即私有云、社区云、公有云、混合云
5	五个必要特征	云平台有五个常见的必要特征，即泛在接入、按需接入、资源池化、弹性服务、服务可计费

从全球看，亚马逊、谷歌和微软等公司是云计算的先行者。云计算领域的众多成功供应商还包括 Yahoo、Salesforce、Facebook、Youtube 等。2018 年，亚马逊、微软、谷歌和阿里已经成为全球云计算核心市场的前四名[①]。在国内云计算市场中，依据权威调研机构 Canalys 的统计数据，2020 年第三季度中国云基础设施支出已超过 50 亿美元，增幅达到 65%，其中，阿里、华为、腾讯、百度四大厂商的市场份额合计达到 80%（见图 1 - 5）。排名第一的阿里云市场份额近 41%，在中国 500 强企业中，使用阿里云的占 40%，截至 2020 年 3 月 31 日的数据，2019 年，阿里云营收规模达到 400 亿元，其提供的云服务涵盖了 Iaas、PaaS、SaaS 等各个层次[②]。

---

① 孙傲冰、姜文超、涂旭平、劳作娟：《云计算、大数据与智能制造》，华中科技大学出版社 2020 年版，第 59~60 页。

② 柯文：《2020 年四季度我国云基础设施服务支出创新高》，载《中国高新技术产业导报》2021 年 4 月 12 日 A13 版。

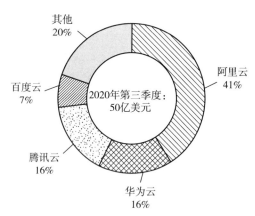

图 1 – 5　中国市场云基础设施服务支出

除了国内外的产业巨头外，还有一些企业和单位在云计算方面取得了一定进展。以 OpenStack、Docker、Kubernetes 等开源云和容器管理平台为基础，国内浪潮、曙光、UCloud、青牛等公司都推出了自己的公有云或私有云解决方案，并在我国各行各业广泛推广。

（六）边缘计算

边缘是一种分布式计算模型，使计算、数据存储和处理能力更接近于操作点或事件发生地。在产生数据的位置（也就是边缘）处理数据，更直接地应用分析和 AI 能力。边缘计算是一种更有效的选择。由于大量数据不需要通过网络传输到云或数据中心去进行处理，因此延迟情况（传输指令与数据传输之间的间隔）大大减少。边缘计算可以提高数据分析速度，减少相关限制，从而为获得更深入的洞察、实现更快的响应速度和打造更卓越的客户体验创造了机会。在边缘计算和 AI 技术的支持下，设备和机器可以即时解读数据、开展学习和做出决策[①]。

目前，国内各从业者积极投身尚在起步阶段的边缘计算，其中包括三大运营商、主要网络设备提供商（Ericsson、华为、诺基亚和中兴）以及中国

---

① 　Skip Snyder, Rob High, Karen Butner, Anthony Marshal：《为何边缘计算成为企业的重投领域》，IBM 商业价值研究院，2020 年。

大型云服务企业（阿里巴巴、腾讯和百度）[1]。中国云收入排名前两位的云公司（阿里巴巴、腾讯），以及百度等正在采取重大举措，寻求在新兴的边缘计算中扩展云能力和云产品。许多边缘计算平台已投入商用，阿里主推边缘节点服务（ENS），百度和腾讯也分别推出开放边缘（open edge）和智慧边缘连接（smart edge connector）。阿里占据云市场最大份额，百度创新推出人工智能、大数据和云计算（ABC）发展战略，即以人工智能为中心，广泛应用边缘技术。此外，百度重点打造自动驾驶，融合了边缘云计算以及人工智能的广泛应用[2]。

边缘计算能够帮助工厂收集数据，做出分析，发现异常，进行自主决策以解决问题（在有授权的前提下）。边缘计算像容器一样，可以承载很多不同类型的应用，功能扩展式非常方便。而在云计算环境中，则需要上传、处理、解释数据并将结果返还，因此，边缘计算与云计算相比能够节省大量时间。边缘计算能够为制造工厂提供的优势包括[3]：（1）实时数据分析。与云端或数据中心的处理速度相比，边缘计算对数据的分析是实时的，因此更加迅速。（2）数据安全。边缘计算能够增强制造商的数据强安全性，因为关联的连接设备可以通过门禁、视频监控和其他物理安全方法轻松地进行安全保护。此外，由于数据被物理地包含在制造环境的边界内，因此更加安全。（3）降低执行成本。执行或数据管理成本较低，因为数据驻留在设备本身中。这也意味着网络传输的基础设施成本最低。（4）减轻计算任务。边缘上的服务器可以通过在边缘上存储信息来帮助减少连接设备的负载，并且能够充当可以从远程位置访问的私有云。

如表1-3所示，边缘计算与位置有关。它大幅降低了与其他地方的数据中心进行数据交换的需求，转而将处理能力设置在更靠近工业最终用户的地方。边缘计算会不断演进并在制造业中产生更大的影响，随着我们越来越接近工业物联网（IIoT）的宏伟愿景，边缘计算将会在越来越多的高级应用场景中使用户体验显著提升。云和边缘计算将在制造业中获得重要地

①　Pablo Iacopino, David George, Yiru Zhong：《5G 时代的边缘计算：中国的技术和市场发展》，GSMA 协会，2020 年，第 21 页。

②　Pablo Iacopino, David George, Yiru Zhong：《5G 时代的边缘计算：中国的技术和市场发展》，GSMA 协会，2020 年，第 26 页。

③　Karthik Sundaram, Nandini Natarajan. Moving to the Edge：Evaluating the Potential Benefits of Bringing Shop-floor Automation Closer to the Cloud［R］. Frost & Sullivan White Paper, 2018：3.

位，因为它们相辅相成，边缘计算将演变为一种关键技术，加速这一数字化转型。

表 1-3　　　　　　　　　　边缘计算相对于云计算的机会

功能	云端计算	边缘计算
位置	集中式	分布式
移动性	限制移动	支持移动
客户端与服务器距离	多跳	单跳
实时互动	可以	可以
可扩展性	低	高
响应时间	高	非常低
位置意识	无	有
服务点	互联网的任意位置	本地网络边缘
安全性	未定义的；易受攻击	可定义的；免受攻击

在过去的 40 年里，随着信息网络技术和计算能力的发展，算力和处理在集中式架构和分布式架构之间交替往复（见图 1-6）。21 世纪，互联网、企业 IT 和智能手机的大规模商用，激起了以大型集中服务器群为基础的云计算浪潮。亚马逊、微软和谷歌等产业巨头已经成为这个领域的领军者，IBM、Oracle 以及我国的阿里巴巴、腾讯、百度、华为等企业也积极加入，推动云计算技术的提升和市场规模的扩大。

（七）数字孪生

数字孪生（digital twins）的概念最早由密歇根大学的迈克尔·格里夫斯（Michael Grieves）博士于 2002 年提出（最初的名称为"Conceptual Ideal for PLM"），至今已有 20 年。格里夫斯博士与 NASA 长期合作，在航天领域，航天器的研发和运营必须依赖于数字化技术：在研发阶段，需要降低物理样机的成本；在运营阶段，需要对航天器进行远程状态监控和故障检测，这也是后来 NASA 把数字孪生作为关键技术的原因。

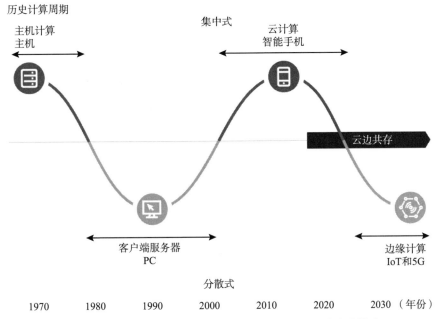

图1-6 算力和处理在集中式架构和分布式架构间的演进轨迹

资料来源：GSMA智库。

数字孪生将智能工厂的虚实互联，从构想、设计、测试、仿真、生产线、厂房规划等环节，可以虚拟和判断出生产或规划中所有的工艺流程，以及可能出现的矛盾、缺陷、不匹配，所有情况都可以用这种方式进行事先的仿真，加快大量方案设计及安装调试时间，缩短交付周期。按照业务领域划分，数字孪生可分为三类，即产品数字孪生，生产数字孪生和设备数字孪生。目前，全球数字孪生技术的主要供应商有西门子（德国）、微软 Azure（美国）、达索（法国）、PTC 和 ANSYS，我国在此项技术上还存在一定差距。

（八）工业软件体系 + 工业操作系统

为了让机器更聪明，需要为机器安装"大脑"，这个"大脑"就是工业软件。中国工业软件市场持续保持快速增长，2013 年规模为 533 亿元，2019年市场规模超过 1 700 亿元，年均增长率达到21.6%（见图 1 - 7）。国内市场中，华北、华东和华南市场占据主体地位，华北、华中地区市场增速较快。

在我国市场中，国内企业数量超过 2/3，国外企业中以美国、日本企业为多①。

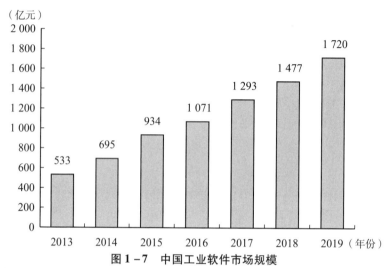

图 1-7　中国工业软件市场规模

资料来源：《中国电子信息统计年鉴》。

在工业智能制造核心技术领域中的实时操作系统，就是工业操作系统，它是工业软件中最重要的一部分，主要应用于工业机器人、高端机床、数控系统等高精尖设备，是智能制造的核心。目前在国内基本上用的是国外的系统，大部分是西门子、发那科、ABB、罗克韦尔等自动化巨头的产品，还有就是国际市场上被广泛应用的 VxWorks 和 QNX 操作系统。国内的科研院所开发设计的，主要包括中国电科 32 所的锐华 ReWorks、西安航空计算技术研究所的天脉和中国航天科工二院的天熠实时操作系统等。民营企业在市场应用中开发的，主要包括翼辉 SylixOS、RT-Thread、DJY 等实时操作系统。

四、智能制造技术应用举例

（一）RFID 服装供应链管理系统

国内的一些服装企业较早地在供应链管理中应用了条码技术，通过这项

---

① 广东省社会科学院：《东莞市智能制造产业协会. 东莞智能制造业应用与发展报告》，中山大学出版社 2019 年版，第 131 页。

技术，企业可以通过扫条码实现对服装入库和盘点的高效管理。但条码技术存在明显缺陷，即必须在短距离内完成，逐一扫描而无法批量进行且错误率较高。

超高频 RFID 技术是继条形码技术之后再次变革服装行业供应链管理模式的一项新的自动识别技术，它采用的是无线射频识别原理，可以工作于各种恶劣的工作环境，可以穿透一定的障碍物识别，它还可以识别运动中的货物，且可以实现批量识别。可见，与条形码技术相比，RFID 具有显著优势。

在这项技术的应用中，服装企业向 RFID 标签供应商提供商品品号、色号、规格、数量等库存量单位（Stock Keeping Unit，SKU）信息，RFID 标签供应商将这些信息写入 RFID 标签并提供给服装工厂，再由服装工厂将这些 RFID 标签连同其他吊牌一起绑到服装上。之后，这些捆绑好吊牌的服装，将被一件件叠放到纸箱中封装好，进入到服装企业的供应链中。在进入服装企业的储运中心后，一箱箱封装好的服装将在输送线上被送入 RFID 扫描通道机，完成扫描后，通道机会把获取的扫描信息实时上传到 RFID 智能收发货系统，由系统比对应收和实收的货物数量。如果确认无误，通道机就"自动放行"，向下一环节传送。如果扫描项目与箱规不符，系统会自动排查原因，并明示在显示器上，传送带会将这箱服装送到旁边的人工检测区等待开箱检查①。

RFID 在服装供应链管理中的应用，能够实现成箱服装商品信息的批量扫描、实时上传、比对与分类处置，这大幅降低了用工成本，提高了收发货效率。

（二）汽车制造智能工厂

大部分汽车的生产过程有四部分，特斯拉也类似。首先是冲压制作各个组件，然后把各个组件连接成车身，再然后是车身喷漆，最后安装其他组件，生产线上最大程度地使用机器人进行生产操作以提高效率。

整套工厂的生产管理系统实现了高度智能运作，包括物料系统、生产运营系统、企业 ERP 系统等全部是由特斯拉自行研发。每套系统均有针对性，

---

① 《SPVRIFD，海澜之家 RFID 服装供应链管理系统》，http：//www.spvrfid.cn/news/show/7，2019 年 10 月 30 日。

可实现快速个性化配置，在整个产品生命周期中记录和分析数据，并给出所需的指导和建议。在生产前阶段，超级工厂的生产都是根据客户订单情况进行的，生产线上正在装配的车辆，都是已经确定了车主的。车辆进入生产环节后，特斯拉便会给车主发送消息，告知其车架号，车主注册之后便可实时关注车辆的生产状态，这样有"仪式感"的购车体验能让车主放心。而在生产过程中，在工厂员工使用的扭力扳手上，扭矩、操作位置、角度等信息都全部精确记录在了生产运营系统里，具有很高的可追溯性，一旦遇到问题，可以追溯到零件级，追溯到具体工位和每一个细节，保证了工厂可以及时有效地追踪问题。在产品使用中，特斯拉的网络物理公路卫士（cyber-physical road warriors）可将 IoT 与每辆车的"数字孪生"结合起来。使用众多实时车辆传感器，工厂可以更好地监控成品中的故障和缺陷。除了为车主提供预防性维护警报外，该数据还允许工厂动态优化生产线，以便为未来预防预见这些问题，并改进产品设计。[①]

（三）数字孪生技术在航空工业的应用

在飞行器的设计研发环节，通过建立飞行器的数字孪生体，可以在各部件被实际加工出来之前，对其进行虚拟数字测试与验证，及时发现设计缺陷并加以修改，避免反复迭代设计所带来的高昂成本和漫长周期。波音 777 是世界上第一个全面运用数字孪生技术进行研发的飞机，飞机上 300 万个零部件全是由数字孪生技术定义的。数字孪生技术的运用，使波音 777 在研发过程中减少了 90% 的工程更改（由 6 000 减少到 600），工程更改的周期缩短了一半，物料的返工减少了 90%，机身的装配精度提高了 50 倍，在 3 000 个以上的装配界面取消了实物样件，最终使得产品研制周期大幅缩短，仅四年半就完成了波音 777 的研制。[②]

在飞行器的制造装配环节，建立飞行器及其相应生产线的数字孪生体，可以跟踪其加工状态，并通过合理配置资源减小设备停机实践，从而提高生产效率，降低生产成本。洛克希德—马丁公司将数字孪生应用于 F-35 战斗

---

① 《工业物联网赋能智能制造》，信息化观察网，http://www.infoobs.com/article/20190716/33552.html。

② 宁振波：《航空工业的数字化翅膀》，引自李向前、陈明、杨敏主编：《转型：智能制造的新基建时代》，上海科学技术出版社 2020 年版，第 196~207 页。

机的制造过程中，期望通过生产制造数据的实时反馈，进一步提升 F－35 的生产速度，可将每架飞机 22 个月的生产周期缩短至 17 个月，并将生产成本从 9 460 万美元降低为 8 500 万美元①。在飞行器的运行维护环节，利用飞行器的数字孪生体，可以实时监测结构的损伤状态，并结合智能算法实现模型的动态更新，提高剩余寿命的预测能力，进而指导更改任务计划、优化维护调度、提高管理效能。

_____

① 孟松鹤、叶雨玫、杨强、黄震、解维华：《数字孪生及其在航空航天中的应用》，载《航空学报》2020 年第 9 期。

第二章 智造强省建设的理论思考与现实判断

第一节 智能制造内涵及其特征解读

一、智能制造内涵阐释

智能制造的概念是随信息技术（information technology）与人工智能（Artificial Intelligence，AI）的发展而不断演进发展的必然结果。随着智能制造技术的不断发展，各界对智能制造的认识也在不断深入。国际上，智能制造通常是指一种由智能机器和人类专家共同组成的人机一体化智能系统，其技术包括自动化、信息化、互联网和智能化四个层次，产业链涵盖智能装备（机器人、数控机床、服务机器人、其他自动化装备），工业互联网（机器视觉、传感器、RFID、工业以太网）、工业软件（ERP/MES/DCS 等）、3D打印以及将上述环节有机结合的自动化系统集成及生产线集成等。

在中国，智能制造多数情况用英文表述为 smart manufacture，主要对应数字化网络化制造。党的十九大报告明确指出，要"加快建设制造强国，加快发展先进制造业，推动互联网、大数据、人工智能和实体经济深度融合"。其深刻含义是赋予企业快速响应内部和外部变化的能力，侧重于信息与通信技术（Information and Communications Technology，ICT）的应用。

总而言之，智能制造是智能技术和制造技术的融合，是物联网、机器人与自动化系统、智能终端与云端技术的融合。中国工程院《中国智能制造发展战略研究报告》把智能制造分成三种递进发展的范式：数字化制造、数字化网络化制造和新一代智能制造。显然，数字化是智能制造的技术基础和重要支撑。工业和信息化部于 2021 年 4 月发布的《"十四五"智能制造发展规划（征求意见稿）》指出："智能制造是基于新一代信息技术与先进制造技术深度融合，贯穿于设计、生产、管理、服务等制造活动各个环节，具有自感知、自决策、自执行、自适应、自学习等特征，旨在提高制造业质量、效益和核心竞争力的先进生产方式。"

二、智能制造的特征描述

智能制造是以智能生产系统生产智能产品和服务的新型生产方式，其大致可以分为三种基本范式，即数字化制造、数字化网络化制造及新一代智能制造，这三种基本范式呈现依次展开、逐级递升的特征。然而究其本质，智能制造所体现出的三种基本范式是转变生产制造模式、升级产业链组织结构以及拓展经济发展生态的综合体现。而有效推进辽宁智造强省战略的实现，在转变生产制造模式、升级产业链组织结构以及拓展经济发展生态三个方面，明晰智能制造的具体特征实有必要。

（一）智能制造的根本是实现对传统生产制造模式的转变

智能制造的首要特征是其能实现对传统生产制造模式的转变，这也是其驱动新一轮产业革命的基本机制所在。总体而言，智能制造是指在产品全生命周期过程中，在新一代自动化技术、传感技术、拟人化智能技术、网络技术的基础上，通过智能手段达到智能化感知、交互、执行，实现制造装备和制造过程的一种先进的生产方式。在具体的手段上，其能够通过对信息感知、系统决策、执行控制的优化实现对传统生产制造模式转型升级。其中，信息感知是指利用标准、高效方法采集、存储、分析和自动识别大量数据信息，实现自动感应和快速认知，同时将大量数据信息传输到优化决策系统中。优化决策是指通过运用和学习大量知识，实现面向产品全生命周期的海量异构信息的自动挖掘提炼，通过计算平台支持，将挖掘提炼的信息进行计算分析、推理预测，利用决策工具和自动化系统，形成优化制造过程的决策指令。执行控制是指根据决策指令，通过执行系统控制制造过程状态，实现系统稳定、安全运行及动态调整。这三者均是智能制造表现出改造传统生产制造模式特征的重要保障,从信息感知、系统决策、执行控制三种途径出发,亦是制造强省战略在供给端推进的重要落脚点。

(二) 智能制造的关键是实现产业链组织结构的改善与调整

智能制造改善产业链组织结构的特征源于人工智能技术强化产业链协同的职能与特质。智能制造虽然是根本上是对制造业的改造与升级,但其所涉及的领域则渗透至经济社会的各处,例如智能制造产业所衍生的智能化生产性服务业的升级。具体而言,在生产领域,智能制造的实现可以提升资本、劳动、技术等要素之间的匹配度,加强上游技术研发、中游工程实现、下游应用反馈各个生产环节之间的协同,从而提高运行效率。在消费领域,智能制造可以实现对用户消费习惯与消费需求的自动画像,完成需求与供给的智能匹配,在进一步释放消费潜力的同时,实现经济的高质量增长,由此可以看出,智能制造改善产业链组织结构的特征也在一定程度上实现了生产效率的提高。除了能够有效提高生产效率,智能制造改善产业链组织结构的特征也逐步催动了产业链系统智能化的进展。智能制造基于机器学习方法和大量应用场景的训练数据可以实现自主学习,并归纳总结出规律,进行决策,基于生产过程中的数据,智能制造的产业链组织结构可以挖掘出影响系统内工厂生产效率和产品质量等方面的因素,进而重新组织制造系统中各单元按照最优方式进行生产,更可以通过实时获取并快速响应生产制造环节中的关键零部件和产品质量等状态信息,对系统故障进行预测和自我诊断,通过不断调整生产参数对故障进行排除和修复。对于辽宁省而言,能够更为有效地实现智能化产业联盟的构建,这一方面推进了智造强省战略的实现,另一方面也更有助于辐射民生工程。

(三) 智能制造的潜力在于拓展经济发展生态的瓶颈

在新工业革命背景下,智能制造产业的发展将推动一批新兴智能化衍生产业或领域的兴起,当具有更高生产力的新兴产业不断成长,以及其在产业部门中的比重不断提升,国民经济将逐渐向具有较高生产率和较高附加值的经济和产业活动转移,从而提高产业结构中技术密集型和知识密集型产业的比重,最终实现产业升级,而这一产业的升级则得益于智能制造拓展经济发展生态的特征。在此过程中，智能制造引致新兴产业发展大致包括两方面。一方面，智能制造相关技术的扩散将引致一批以相关技术为主导技术的产业兴起。如，以语音识别和视觉识别技术为主导的新兴产业正在蓬勃发展。新兴智能产业为市场提供的新产品和新服务也会逐渐培养消费者的新需求，进而催生消费结构升级。供给结构和需求结构的耦合互动，将促使新兴产业部门加大高技术含量、高质量及更具创新性的产品和服务的供给，最终促进产业升级。另一方面，智能制造的先进生产方式本质将通过引发技术创新"簇群"来推动众多新产业兴起。工业革命的历史经验表明，突破性和颠覆性技术的出现会引发大量的互补性技术创新，从而形成密集的技术创新"簇群"现象。在第四次工业革命下，智能制造的演化过程也将引发密集的技术创新"簇群"，互补式技术创新的商业化和产业化将催生更多的新兴产业。综上，智能制造将通过 AI 技术和互补式技术创新的产业化引致众多新兴产业发展，实现对经济发展生态瓶颈的拓展，最终促使以智能化为核心特征的现代化产业体系逐渐建立，由此实现产业跨越式转型升级，进而推动高质量发展的实现。

第二节　全球智能制造发展的基本态势

智能制造是工业革命发展的历史必然，四次工业革命推动着制造业沿机械化→电气化→自动化→智能化这一路径不断演进。智能制造是先进制造技术与新一代信息技术的深度融合，贯穿于产品、制造、服务全生命周期的整个环节以及相应系统的优化集成，实现制造的数字化、网络化和智能化，不断地提升企业产品质量、效益和制造的水平。

全球视角下，当前的产业革命也被称为"智造"时代，其核心是以网络实体系统及物联网为技术基础，提升制造业的智能化水平，建立具有适应性、资源效率及基因工程学的智慧工厂，整体提升制造业的竞争实力，在新一轮工业革命中占领先机。美国智能制造的政策基点体现为不断丰富研发设计环节。德国较为强调利用现有的产业基础与创新能力，陆续改造提高产业形态与发展水平，最终实现智能制造业的重点突破与差异化发展。美德两国在制定智能制造发展战略时，均把创新看成是促进甚至支撑智能制造可持续发展的关键。与此同时，英国、日本、韩国等制造业强国也非常重视本国智能制造的发展，相继出台多种政策助力制造业的智能化升级。

2015 年，我国正式提出了"中国制造 2025"发展战略；2016 年制定了《智能制造发展规划（2016～2020）》；2017 年，工业和信息化部印发《高端智能再制造行动计划（2018～2020 年）》；2019 年，十部门印发《加强工业互联网安全工作的指导意见》，同年，工业和信息化部办公厅发布的《"5G＋工业互联网"512 工程推进方案》；2020 年，工业和信息化部、应急管理部印发了《"工业互联网＋安全生产"行动计划（2021～2023 年）》；2021 年 4 月，工业和信息化部发布了《"十四五"智能制造发展规划（征求意见稿）》。这些战略的实施，正在有力推动我国制造业向智能制造转型升级。在此过程中，工信部启动了众多企业的智能化改造项目，从数字化车间、智能工厂、工业物联网应用等，越来越多的企业在政府支持下建立了智能化系统，提升了竞争力。我国制造业智能化发展的趋势愈加明显，步伐不断加快。

一、世界主要发达国家发展智能制造的经验借鉴与比较

美国是智能制造的重要发源地之一。早在 2005 年，美国国家标准与技术研究所提出"聪明加工系统研究计划"，这一系统实质就是智能化，研究的内容包括系统动态优化、状态监控和可靠性等。2006 年，美国国家科学基金委员会提出了"智能制造"概念，核心技术是计算、通信、控制。旨在打造智能制造共享平台，推动美国先进制造业的发展。2017 年，美国清洁能源智能制造创新研究院（CESMII）发布的"智能制造 2017～2018 路线图"指出，智能制造是一种制造方式，在 2030 年前后就可以实现，是一系列涉及业务、技术、基础设施及劳动力的实践活动，通过整合运营技术和信息技术的工程系统，实现制造的持续优化。该定义认为智能制造有四个维度，"业务"位于第一位，智能制造最终目标是持续优化。该路线图的目标之一就是在工业中推动智能制造技术的应用。

2018 年，美国发布《先进制造业美国领导力战略》，提出三大目标，开发和转化新的制造技术、培育制造业劳动力、提升制造业供应链水平。具体的目标之一就是大力发展未来智能制造系统，如智能与数字制造、先进工业

机器人、人工智能基础设施、制造业的网络安全。2019 年，发布《人工智能战略：2019 年更新版》，为人工智能的发展制定了一系列的目标，确定了八大战略重点，包括持续在基础人工智能研究上长期投资、开发能够补充和增强人类能力的人工智能系统等。

德国通过以人工智能强化生产环节，系统构建智能工厂。在这一方面，德国的菲尼克斯电器企业尤为领先，其主要从流程精益化、运营自动化、系统数字化、信息云端化四个层面实现系统智能化工厂的建设。2013 年 4 月，在汉诺威工业博览会上，德国政府正式推出《德国"工业 4.0"战略计划实施建议》。德国"工业 4.0"可以概括为一个核心、两重战略和三大集成。一个核心是"智能 + 网络化"，通过信息物理系统（CPS），构建智能工厂。两重战略，即打造领先的市场策略和领先的供应商策略。三大集成，即横向集成、纵向集成和端对端集成。德国不仅要培育 CPS 的应用市场，也想成为全球智能技术的领导者。2016 年，德国发布《数字化战略 2025》，目的是将德国建成最现代化的工业化国家。该战略指出，德国数字未来计划由 12 项内容构成："工业 4.0"平台、未来产业联盟、数字化议程、重新利用网络、数字化技术、可信赖的云、德国数据服务平台、中小企业数字化、进入数字化等。2019 年 11 月发布了《德国工业战略 2030》，主要内容包括改善工业基地的框架条件、加强新技术研发和调动私人资本、在全球范围内维护德国工业的技术主权。德国认为当前最重要的突破性创新是数字化，尤其是人工智能的应用。要强化对中小企业的支持，尤其是数字化进程。

日本在智能制造领域积极部署，旨在构建智能制造的顶层设计体系，实施机器人新战略、互联工业战略等措施，巩固日本智能制造在国际上的领先地位。2015 年，日本发布了《新机器人战略》，提出要保持日本的机器人大国的优势地位，促进信息技术、大数据、人工智能等与机器人的深度融合，打造机器人技术高地，引领机器人的发展。2017 年 3 月，明确提出"互联工业"的概念，安倍发表《互联工业：日本产业新未来的愿景》的演讲，其中三个主要核心是：人与设备和系统的相互交互的新型数字社会，通过合作与协调解决工业新挑战，积极推动培养适应数字技术的高级人才。互联工业已经成为日本国家层面的愿景。在《制造业白皮书（2018）》中，日本经产省调整了工业价值链计划是日本战略的提法，明确了"互联工业"是日本制造的未来。为推动"互联工业"，日本提出支持实时数据的共享与使用政策；加强基础设施建设，提高数据有效利用率，如培养人才、网络安全等；加强国际、国内的各种协作。2019 年，日本决定开放限定地域内的无线通信服务，通过推进"地域版 5G"，鼓励智能工厂的建设。

然而，美、德、日 3 国发展智能制造也是有着不同侧重的。美国关注的是制造下游的服务环节，德国关注的是制造环节，而日本则更多地关注实现智能制造的中上游环节。不难发现，智能制造都是在市场需求的驱动下，通过企业的不断创新来实现，但政府引领在智能制造发展过程中起到了关键作用。

二、智能制造发展的基本格局与发展态势

当前，新科技革命与产业变革正以前所未有的速度兴起，全球产业技术体系、创新增长模式和竞争格局迎来历史性变革。尤其是以自动化、信息化、互联化和智能化等为特点的智能制造的快速发展，已成为各国制造业发展的重要方向和产业转型升级的着力点。据《全球智能制造企业科技创新百强报告 2020》，近 5 年，全球智能制造产业专利申请累计达 205 924 件，其中已授权且处于有效状态的专利 71 068 件。由此可见，智能制造正呈迅猛发展之势。

（一）智能制造中心的基本格局

世界智能制造中心主要集中在北美洲、欧洲、亚洲。

从智能制造技术创新区域平均得分来看，区域竞争力的强弱排序为北美、亚洲、欧洲。从创新主体数量和排名上看，北美具有相对优势，技术创新平均水平较高，共有 38 家企业入围；其次为亚洲，入围企业 35 家；欧洲共有 27 家企业入围，仅从创新企业数量上看，北美洲具有明显优势。

从世界智能制造科研水平位居前列的城市看，前十名城市分别是英国伦敦、美国纽约、瑞士日内瓦、荷兰阿姆斯特丹、美国匹兹堡、美国波士顿、德国柏林、美国旧金山、日本东京、美国芝加哥。欧美科研水平表现强势。

从智能制造创新企业看，企业在智能制造科技创新得分方面，三星电子、通用电气以及国际商业机器公司（IBM）分别居于前三，惠普、微软、大疆、华为、西门子、高通、亚马逊依次排名第 4 ~ 10 名。智能制造企业全

球科技创新百强的平均得分为 0.254，只有排名前 28 位的创新企业得分高于平均值。除前 10 名外，入围百强的其他创新主体得分介于 0.143 ~ 0.379之间，表明入围百强的智能制造产业全球创新主体科技创新发展水平极不均衡，少数头部企业优势明显。①

（二）全球智能制造的基本态势

目前，全球智能制造发展有两个主要特点：一是根据国际市场研究机构（Markets and Markets）最新发布的研究报告显示，2020 年全球智能制造市场规模 2 147 亿美元，预计到 2025 年，这一数据将增至 3 848 亿美元，期间年复合增长率约为 12.4%，增长速度远超全球制造业的发展速度。② 二是从智能制造技术创新区域平均得分来看，北美共有 38 家企业入围；其次为亚洲，入围企业 35 家；欧洲共有 27 家企业入围，区域竞争力的强弱排序为北美、亚洲、欧洲。③短时间内这个基本格局不会有大的改变。

研究表明，智能制造强国整体上有三种基本发展态势必须给予关注。

（1）着力开展工业网络体系建设。例如，美国近些年依托互联网技术重点建设 CPS，德国则在"工业 4.0"发展战略提出将智能技术和网络应用到工业领域。美国的 CPS 和德国"工业 4.0"战略均是通过大数据分析、信息通信技术和物联网，将不同生产部门利用数据进行整体交互，从而在企业之间及企业内部形成智能制造，具体表现为工厂智能化和生产环节智能化。在发展路径上，美国与德国又呈现出不同的发展态势。美国在建设工业网络体系方面，注重通过政企合作制定未来发展参考框架和技术协议，启动"先进制造伙伴关系计划"和"制造业拓展伙伴计划"，确立美国在下一代机器人技术领域的领导地位，持续推进工业网络在制造业中的部署。相比之下，德国则注重在工业系统实践中逐步得以完善，通过汇集生产全要素、全流程周期的数据信息，通过大数据等技术安全进行安全存储和数据分析，为生产制造挖掘价值。

（2）依托产学研协作提升智能制造竞争优势。美国通过建立数字化制

---

① ③ 八月瓜创新研究院：《全球智能制造企业科技创新百强报告 2020》，八月瓜知识产权网，2020 年 9 月 17 日。

② 中商产业研究院：《2022 年中国智能制造市场规模及下游市场发展趋势预测分析》，中商情报网，2022 年 1 月 10 日。

造和设计创新中心，聚焦制造全生命周期的数字化交换与集成。美国国家标准与技术研究院推动工业互联网相关标准框架的制定，国内知名企业联合打造支持工业互联网战略的物联网与大数据分析平台；德国主要通过强化数字网络基础设施建设，助力"工业 4.0"战略发展；英国则是依托政府投资高价值制造创新中心，为企业提供尖端设备和技术资源，帮助企业整合最佳创新技术，提高企业智能制造竞争力。可以发现，智能制造强国都在依托先进工业技术，结合自身在各个领域的基础研究和产业发展优势，强化智能制造发展基础要素，突破附加值最高的制造业尖端领域，从而转化为自身的发展优势。

（3）抢占布局智能制造产品服务生态。一方面，着力提升生产端软件系统能力，如智能生产解决方案通过软件对接 ERP、生产流水线、机器人等各环节数据，推动柔性生产制造。另一方面，打造软件服务平台，如工业互联网操作系统，以美国通用公司为中心形成面向具体行业解决方案和工业智能终端的产业生态链。综上，智能制造发达国家和跨国巨头依托其制造业优势抢先布局，率先享受到智能制造红利，引导制造业的全球产业链在技术、标准、模式等方面形成新的路径依赖。

综上，德、美、英等智能制造发达国家和跨国巨头依托其制造业优势抢先布局，率先分享到智能制造的巨大红利，并引导全球产业链各方在技术、标准、模式等方面形成新的路径依赖。

（三）国内智能制造发展态势

近年来，我国智能制造呈快速发展的态势。中商产业研究院整理材料显示，2016 年中国智能制造产业产值规模 12 235 亿元，2020 年市场规模超 27 000 亿元。① 智能制造形成了四大聚集区：环渤海地区、长三角地区、珠三角地区、中西部地区。其中，环渤海地区作为智能制造科研高地，形成"核心区域"与"两翼"错位发展的产业格局；长三角地区以江苏、上海、浙江为代表，形成了特色鲜明智能制造装备产业集群，智能制造发展水平相对平衡；珠三角地区作为"中国制造"主阵地，形成符合各自产业特色的

---

① 中商产业研究院：《2021 "十四五"中国智能制造行业市场前景及投资研究报告》，2021 年 4 月 26 日。

智能制造应用示范；中西部地区围绕军工、卫星、冶金等特色领域的优势，形成了重大集成智能装备产业集群。总体来看，当前，我国智能制造产业投融资活跃。智能制造综合标准化项目从 2016 年开始，已公示总数为 509 个；两个试点项目共有 816 个。从分布来看，传统制造业强势试点项目最多，山东、北京、江苏、广东、浙江位居全国前五。其中，山东智能制造试点项目最多。当前中国智能制造产业园共计 537 个，范围涉及全国 27 个省份。西部地区智能制造产业园较少，主要集中在东部沿海地区和中部地区。其中，江苏智能制造产业园数量最多，共 79 家。广东和山东分别位居第二和第三，产业园数量分别为 59 家、43 家。此外，浙江、河南、重庆、湖北、四川、安徽智能制造产业园数量均超 20 家。从智能制造科研水平情况来看，北京、上海、重庆、天津、广州、深圳、苏州、南京、西安和武汉为我国智能制造科研水平前十大城市。然而放眼全球，世界智能制造科研水平前十名无中国城市上榜，北京作为中国最高科研水平的代表，位列世界第 11 位。①

　　国内在智能制造方面涌现出一批标杆企业，如徐州重型机械有限公司，该公司自主研发并应用起重机行业大型结构件焊接智能化生产线，通过改进优化拼焊转台工艺、结构焊接工艺等手段，解决转台结构件智能化焊接率低、占用人员多、焊后校型反复翻转等问题，实现自动对接、自动焊接、自动检测。同时，徐州重型机械有限公司还利用制造信息化系统和物联网平台对生产设备运行状态进行实时监控与数据采集，实现质量标准信息化、质量信息规范化、过程管控精细化管理。围绕智能化产品，建立远程运维平台，在服务型制造的实践方面效果突出。安徽海螺集团有限责任公司围绕水泥生产核心业务，基于移动通信网络、数据传感监测、信息交互集成等关键技术，开发数字化矿山管理系统、专家自动操作系统和智能质量控制系统等涵盖水泥生产全过程的智能化控制及管理系统。通过建设智能化生产模式，实现工厂运行自动化、管理可视化、故障预控化、全要素协同化和决策智慧化，使生产线设备自动化控制率达 100%，大幅提高生产效率和资源综合利用率，能源消耗大幅下降，为传统产业智能转型升级和高质量发展起到引领作用。

---

　　① 前瞻经济学人：《智能制造行业市场前瞻与投资战略规划分析报告》，前瞻产业研究院，2021 年 9 月 30 日。

　　显然，国内大多数制造业企业智能制造仍处于基础自动化阶段，工业企业整体关键工序数控化、管控集成化、供产销集成化能力依旧有待提高，信息化与工业化的融合程度存在提升空间。而且，据《智能制造领域人才需求预测报告》预测，到 2025 年，智能制造工程技术人员缺口数量将接近100 万人。未来，国内智能制造的发展需要围绕智能制造关键核心技术攻克、带动企业实施智能化升级、快速发展智能制造装备突破、提升工业软件产品以及实现智能制造高质量引进来和高水平走出去五个主要趋势。

第三节　智能制造是辽宁全面振兴的必然选择

　　辽宁是新中国重要的工业制造基地，工业门类齐全、工业基础雄厚。在国民经济行业的 41 个工业大类中，辽宁有 40 个，在 207 个工业种类中，辽宁有 197 个。辽宁是传统的制造业大省，智能制造发展水平关乎制造业在全国乃至全球产业链中的地位，发展好智能制造对于辽宁老工业基地的全面振兴、全方位振兴具有决定性意义。辽宁人工智能科技产业区域竞争力评价综合指数居全国第 8 位，人工智能企业数量居全国第 13 位，人工智能产业整体规模已经超过 110 亿元，[①] 并在部分领域具有一定比较优势，继续保持并扩大这些优势，以智能制造赋能传统制造业，做好"三篇大文章"，是辽宁老工业基地实现全面振兴的必由之路，这是由辽宁智造装备领域的先动优势、强大的产业基础、优越的区位条件、发达的教育与科研体系和有力的国家战略支持所共同决定的。

　　但长期以来，辽宁经济结构偏向重工业，传统产业占比大，工业内部结构不合理，严重制约辽宁新一轮全面振兴的实现，全力做好结构调整成为辽宁"十四五"时期振兴发展的必然选择。习近平总书记为辽宁结构调整指明了方向，即改造升级"老字号"、深度开发"原字号"、培育壮大"新字号"。[②] 随着数字经济时代的到来，智能制造成为必然趋势，围绕全力做好结构调整"三篇大文章"，推动"三大字号"智造转型是加快辽宁制造向辽

---

　　① 孙大卫：《辽宁人工智能产业规模超过 110 亿元》，载《辽宁日报》2021 年 7 月 16 日。
　　② 梁靖雪：《习近平提三大"字号"为东北调结构指明方向》，中国经济网，2016 年 5 月 30 日。

宁智造转变的历史必然。

一、改造升级"老字号"的历史必然性

随着全球智能技术、数字技术、信息技术的不断发展，"老字号"产业传统的生产工艺与制造模式已经无法满足智能时代的要求，借力智能制造发展，辽宁"老字号"产业将加快构建一个集信息采集、市场分析、组织决策和任务执行为一体的智能生产体系，推动生产管理数字化、智能化发展，这将为"老字号"产业生产运营中的各种要素融入智能技术，彻底改变"老字号"产业的制造方式，充分激发"老字号"产业的内部潜能，为"老字号"产业形成新的竞争优势提供动力来源，提高"老字号"产业的生产效率，为"老字号"产业精细化、高效生产提供有力支撑，促进辽宁"老字号"产业创新发展，进一步促进辽宁制造业实现高质量发展。因此，"老字号"产业智造转型既是辽宁产业结构调整的必由之路，也是智能化时代发展的必然结果。

二、深度开发"原字号"的历史必然性

辽宁长期存在以"原字号"为代表的重工业比重过高、轻工业比例较低的结构失衡问题，间接导致贸易回报周期长，影响工业竞争力。特别是在进入市场经济时代之后，"原字号"产业资源需求存在结构性不足现象，资源型产品存在低效益困境。近些年，辽宁"原字号"产业占比呈现下降趋势，但是依然保持接近50%的较大比重。[①]"原字号"产业的衰弱也体现在辽宁工业整体竞争力降低，这背后的原因在于，"原字号"产业居于主导地位，导致工业产业间的存量流动性差。这种结构刚性，造成工业产出效率低下，流畅的资源配置较难实现。因此，依托智能制造，将有助于加速破解这一困境，通过工业互联网、大数据等平台建设，提升"原字号"企业设备远程运维、工艺改进、运行优化和质量管控能力，从而提升辽宁工业发展的整体效益。

---

① 邱宇哲：《为辽宁"原字号"抻长链条》，载《辽宁日报》2021年7月24日。

三、培育壮大"新字号"的历史必然性

以大数据、云计算、物联网等新一代信息技术为代表的新科技革命正在重塑产业价值链，辽宁智造强省建设的关键议题必然是顺应全球产业变革趋势，大力发展"新字号"产业。目前，辽宁拥有 1 705 家研究机构、100 多所高校、6 家中国科学院研究所、34 个各类国家级科技创新平台、56 名两院院士；金属材料、航空发动机、工业自动化等 25 个学科和专业研究在全国乃至世界举足轻重；高新技术企业突破 7 000 家，科技型中小企业突破 1 万家，每万人口发明专利拥有量达 10.98 件，足见辽宁"新字号"产业发展的雄厚根基。① 因此，积蓄"新字号"发展的强劲势能，以"新字号"智造转型引领科技创新新优势，加快构建云平台、大数据、人工智能技术支撑下的智造新模式，推进数字产业化、产业数字化，打造智造强省建设的应用场景与精品工程，培育新业态、新模式、新动能，进而提升辽宁智能制造的国际竞争力。

① 郝晓明：《辽宁：让"关键变量"成"最大增量"》，载《科技日报》2021 年 6 月 22 日。

第三章 辽宁实施"智造强省" 战略的产业基础

第一节 辽宁省智能制造产业发展现状

以装备制造业为核心的先进制造产业一直是辽宁省发展重点，而在整个发展过程中，高档数控机床、机器人及智能装备、航空装备、汽车装备、先进轨道交通装备等八大领域更是先进制造业的重点发展领域。而在此之中，依托人工智能技术、新一代信息技术与制造业的深度融合，通过推进智能制造产业发展，实现不同行业产品、生产组织方式、工作流程以及业务模式的高质化和高智化，进而系统实现制造业优化升级已然成为实现地区实体经济发展的必由之路，这亦是辽宁省践行智造强省战略的初衷和目标所在。

纵观辽宁省智能制造产业的发展，通过装备产业智能化转型进程的推进。制造业部门降本增效的成果明显。截至 2020 年末，辽宁省已完成 3 609 个智能智造重点项目建设，通过智能化改造进程，企业生产效率平均提升 21.2%，运营成本平均降低 15.6%，产品研发周期缩短约 28.3%，不良资产占比降低约 21.2%；同样得益于智能制造的加持，全省规模以上企业数字化研发设计工具普及率和关键生产程序数控化率已分别达到 75% 和 51.8%，新建 5G 基站约 2.5 万个，[①] 这都为"十四五"时期进一步稳步推进辽宁"智造强省"建设提供了基础。除此之外，在智能制造设备领域，

---

① 《辽宁支持企业数字化转型智能化改造——老工业基地焕发新生机》，载《人民日报》2022 年 1 月 23 日。

辽宁全省数控机床产量 68 197 台，同比上升 10.5%，产品数控化率达到 73.7%，比去年同期提高 12.5 个百分点。工业机器人产量 4 419 台，同比上升 22.3%，高端装备制造业占比也逐步提高。[①] 制造业产业链整体的现代化升级，对于增强智能制造创新能力、夯实智能制造发展基础、发展关键智能装备和产品等方面具有巨大的影响作用，是引导辽宁省成为国内领先的智能制造产业基地的核心要素。

在新技术革命快速发展的需求下，产业结构高级化和产业链现代化亟需提高数字化能力和智能化水平，为智造强省的快速建设赋能。据此，本课题拟重点从产业结构高级化和产业链现代化角度，分析辽宁省加快智造强省建设的对策。

第二节 智能制造应用场景广泛

辽宁是我国重要的老工业基地，工业门类齐全、体系完备，特别是装备制造、石油化工、冶金、航空航海等产业，在国家产业布局中占有重要位置。2019 年辽宁省规模以上工业增加值增长 6.7% 左右。[②] 为推动智能制造的高质量发展，辽宁省成功举办工业互联网全球峰会，制定实施工业互联网创新发展三年行动计划，推出了一批工业互联网项目，华为锦州云计算数据中心启动运行，"上云"企业有 3 万多户。"十三五"时期，辽宁省重点抓好 110 个工业高质量发展项目，高端装备、电子信息、生物医药等新兴产业加快发展，高技术制造业增加值增长 18.7% 左右，制造强省建设迈出坚实步伐。当前，辽宁省先进装备制造业占比达到 60% 以上；产业智能化水平明显提高，数字化研发设计工具普及率达到 70% 以上，关键工序数控化率达到 50% 左右；自主创新能力进一步提升，形成以沈阳、大连高端装备为中心，其他地区"专精特新"装备为配套的先进装备制造业产业发展格局。[③]

据辽宁省统计局，2020 年，全年主要经济指标实现正增长，初步核算，全年地区生产总值 25 115 亿元，按可比价格计算，比上年增长 0.6%，低于

---

① 《辽宁装备制造业重点发展八大领域》，人民网，2017 年 2 月 15 日。
② 根据《辽宁省统计年鉴》相关数据计算所得。
③ 根据《2020 年辽宁省人民政府工作报告》相关内容整理所得。

全国平均水平。其中，全省规模以上工业企业实现利润总额 1 286.7 亿元，比上年同期减少 56.1 亿元，同比下降 4.2%，辽宁工业振兴正处于"滚石上山"的关键时期。①

辽宁有基础优势，这个产业优势不能丢：华晨宝马铁西工厂建成全球首个 5G 覆盖汽车生产基地，工业机器人产品性能达到国际同类产品水平，通用航空产业位居全国前列，全省乙烯、PX、PTA 产能均列全国第一位，集成电路装备产业与北京、上海构成国内三大重点地区。但是当前辽宁省装备制造业智能化水平还比较低，石化产业呈现"油头大、化身小、产业链短、附加值低"的结构状况，新兴产业规模较小。

辽宁作为传统工业大省，一直高度重视传统产业的转型升级工作。自 2012 年起，全省高端装备制造业占装备制造业比重保持稳定增加；截至 2019 年第一季度，全省规模以上工业增加值同比增长 8.3%，装备制造产业增加值增速为 11.8%。② 在推进装备制造业向智能化、高端化、成套化发展进程中，辽宁注重人工智能、互联网、大数据与制造业的深度融合，明确了以智能制造为突破的主攻方向，重点集中在机器人及智能装备、数控机床、重大成套装备、集成电路装备等高端装备制造业领域，引导企业进行智能工厂、生产线及数字化车间建设。

2020 年，辽宁省智能制造开发区合计面积达 6 303 公顷。辽宁省政府火力全开，资金支持重点投向研发，"揭榜挂帅"，启动实施省科技重大专项项目 39 项，推动攻克金属材料表面纳米化、机器人技术等 300 余项"卡脖子"关键核心技术。"十四五"再度明确 604 项"卡脖子"关键技术清单和 480 项重大创新产品研发清单，首批已发布 200 个典型实质性产学研联盟试点。像新松机器人、沈阳鼓风机的设备远程互联一样，辽宁省正加速布局一批智能工厂、智能车间、智能生产线，打造 100 个以上企业升级标杆。工业"上云"企业 7 000 多家，联网设备超万台。沈阳市工业企业电商应用率超过 50%，客户可以下单购买机床、矿车，也可以购买工艺课程、运维服务。辽宁社科院副院长梁启东认为，工业门类齐全、产业数字化无比丰富的应用场景资源恰恰是辽宁布局工业互联网的优势所在。2020 年，辽宁省新增高新技术企业 1 508 家，达

---

① 辽宁省统计局：《2020 年全省经济运行情况综述》，辽宁省统计局网站，2021 年 1 月 23 日。
② 民银智库：《高端装备制造行业运行情况分析及风险提示》。

到 6 989 家,科技型中小企业突破 1 万家,瞪羚和独角兽企业达到 2 163 家。[①]

第三节　智能制造装备产业的重点优势产业分布

一、机器人产业

辽宁的机器人产业主要包括新松机器人自动化股份有限公司、沈阳通用机器人技术股份有限公司和沈阳大族赛特维机器人股份有限公司。

在国内汽车总装生产线上,新松品牌的移动机器人几乎处于行业垄断地位,技术领先国外。今日的新松已形成以自主核心技术、关键零部件、领先产品及"工业 4.0"行业系统解决方案为一体的完整产业链。新松之所以能做到如此,主要是因为新松拥有三层研发平台:机器人国家工程研究中心、自己的研究院和各研发事业部,这三层科研体系层层互助,形成了独特的创新之路。同时,每年的研发投入都占销售额的 12% 以上。

二、3D 打印产业

2017 年辽宁增材制造产业技术研究院成立,标志着东北首家增材制造产业园在沈阳正式规划建设。辽宁增材制造产业园规划面积 500 亩,是一个功能齐全、具有规模的 3D 打印产业示范基地,具有产品研发、学术交流和新领域创新拓展功能,即"产、学、研"三位一体发展模式,形成较强区域辐射作用。产业园的发展方向以 3D 打印设备研发制造及 3D 打印耗材、激光发生器、3D 设备加工生产等 3D 打印产业上下游为主,大量吸纳高新技术企业落户园区。南京中科煜宸激光技术有限公司、沈阳和世泰钛业有限公司等企业已经进驻产业园。辽宁增材制造产业技术研究院是产业园的设计研发机构,由辽宁中科三维打印创新科技有限公司、沈阳中科煜宸科技有限公司、东北大学、沈阳航空航天大学、沈阳工业大学联合组建。研究院下设

[①] 《辽宁引育新动能加速"数字蝶变" 去年新增高新技术企业 1 508 家》,中国经济网,2021 年 2 月 9 日。

四个研发中心，分别是 3D 打印技术研发中心、激光技术及装备中心、金属粉体中心、特种加工装备中心。

3D 打印研发中心项目由辽中区筹建，研究院将通过政府搭台、市场主导、人才集聚、产业孵化四位一体创新模式，构建政产学研用相结合的"孵化器＋加速器"的运营机制，致力于建设成为国际一流、国内领先的增材制造与激光制造产业化技术研发基地，为进一步加快振兴东北老工业基地，实现产业转型升级提供新的源动力。

三、无人机产业

位于沈阳市沈北新区的壮龙无人机科技有限公司（以下简称"壮龙科技"）自主研发的油动调速六旋翼无人机，从发动机、飞控系统、旋翼等多个方面进行技术创新，突破了电动多旋翼无人机载重小及航时短的痛点，具有大载重、长续航、高安全、易维修和操控的特点，可应用于农林植保、物流运输、护林防火、环保监测以及遥感测绘等众多领域，开创了国内多旋翼无人机时代的新纪元。

经过多年的发展，沈阳已有从事无人机电控、桨、电机、电调、汽油发动机、重油发动机等零部件以及整机生产、开展无人机服务领域的企业 30 余家，开发了一系列填补国内空白的新产品，技术创新达到国际先进水平，让一系列"沈阳智造"的无人机产品享誉全国。

企业能取得快速的发展，除自身的技术过硬外，还得益于良好的创业环境与政策支持。近几年来，沈阳市为大力支持无人机产业等高科技产业集群发展，出台了一系列支持科技创新政策，以及为多家企业提供高层次人才创业奖励和房租减免等优惠措施，让无人机企业在科研的道路上勇往直前，不断推动中国无人机制造业的发展进程，用无人机技术为社会的进步注入强大动力。

四、智能汽车产业

（一）华晨汽车集团

作为辽宁省汽车工业龙头企业，华晨汽车集团顺应产业发展趋势，从

2015 年开始布局智能汽车领域。通过与高校、科研机构、科技企业深度合作，构建了较为完善的智能驾驶和智能网联研发、试验、制造体系，并实现了智能汽车的产业化。在智能汽车产品方面，华晨与德国大陆、天合、麦格纳等知名企业以及北京理工大学和东北大学等国内知名高校建立了紧密合作，共同开展智能驾驶产品开发及技术研究，并已在中华 V7 车型实现了多项智能驾驶功能。与东软、腾讯等联合开发 Bri – Air 华晨云系统、车载生态系统。在研发能力方面，于 2016 年启动智能汽车研发项目，目前已具备开发 L1 ～ L3 级智能驾驶产品的研发能力。在标准制定方面，华晨汽车承担了多项智能驾驶国家标准的编写制定工作。同时，参与车联网技术研究及园区示范运行，对车路协同的应用场景和新技术进行验证。在智能制造方面，华晨汽车通过建设 M8X 智能工厂，完成了向柔性、智能、高度集成化方向延伸，进一步提升了智能化水平。

在智能汽车生态方面，根据行业未来发展趋势，到 2025 年智能汽车将实现大规模商业化的推广普及，自动驾驶渗透率将快速提升，智能汽车已进入实用化的竞争发展阶段。基于上述判断，华晨将在掌握自主可控的智能汽车核心技术、构建跨界融合的智能汽车产业生态方面实现突破。华晨汽车在新的产业链中将构建强大的软硬件集成能力，通过资源整合、战略协同、共享合作等方式进行合理布局，变成价值网络上一个关键节点。与传统零部件供应商、应用软件开发商、移动通信服务商、位置信息服务商、第三方大数据公司等，形成一种价值共享的智能汽车产业生态。

（二）大连盛港综合能源服务站

大连自贸片区中石化北方能源（大连）有限公司"五位一体"综合能源服务站项目——盛港综合能源服务站获批复并进入试运行。这是辽宁省第一个建成并取得试运行的氢能产业项目，也是东北地区首个集氢气、充电、汽柴油、液化天然气（LNG）、跨境电商"五位一体"的能源供给及连锁便利服务新型网点。该项目将充分发挥大连自贸片区在氢能及燃料电池领域的产业引领带动作用，助力大连市氢能综合利用示范工程建设，为氢能公交车上线运营提供保障。

（三）东软集团"智能网联汽车数字座舱及车联网服务平台"

2020 年 6 月，东软集团的"智能网联汽车数字座舱及车联网服务平台研发与应用"项目入选 2020 年度辽宁省科技重大专项。东软集团"智能网联汽车数字座舱及车联网服务平台研发与应用"项目面向我国快速发展的汽车产业，针对汽车产业智能化、网联化发展趋势和智慧交通应用需求，研发新一代智能网联汽车数字座舱。该系统作为智能网联汽车的"大脑"，为汽车提供联网、运算、显示、控制、导航、语音控制和信息娱乐等诸多功能，并搭建车联网服务平台，实现"人—车—路—云"信息互联，支撑数字座舱系统与车联网融合应用。该项目的成功实施，将加速车联网应用的落地，助力我国汽车产业"新四化"布局，引领我国汽车产业突破创新，提高自主品牌在智能网联汽车产业的竞争力，对推动我国汽车产业转型升级和高质量发展起到关键作用。东软集团已在汽车电子领域深耕 30 多年，面向全球汽车厂商提供车载信息娱乐系统、智能网联、新能源汽车、自动驾驶与共享出行等领域的全面解决方案、产品与服务。

第四节　辽宁省在推进"智造强省"战略中面临的产业基础困境

一、"老字号""原字号""新字号"在智能制造水平和所需产业基础上存在明显差异

对于"老字号"企业而言，其在产线层、工厂（车间）层、管理信息系统层的单项数字化尚可，但是未能形成企业层的数据化、智能化互连互通，产业链上下游企业的互联互通几乎为空白状态。辽宁省的航空制造、汽车制造、石油化工、大型装备制造等"老字号"优势龙头企业、规上企业在生产数字化方面多停留在自动化数控生产线、自动化生产车间、管理系统 ERP 等单一业务领域层面，而企业内部的生产、营销、管理三个业务领域的数字化集成互连互通、大数据分析下的协同企业决策等综合性数字化、智能化改造实施不足，特别是产业链上下游企业同步实施数字化、智能化改造互联互通和协同运营方面几乎没有典型样本。

在"原字号"方面，国有企业原料开采、粗加工的智能产线、智能车间较好，但是产业链深加工配套企业以民营中小型企业为主，规模以上龙头

企业严重不足，生产经营数字化、信息化、智能化的持续改进能力薄弱。辽宁省内的石油化工、钢铁冶金、非金属材料等"原字号"国有龙头企业多集中在原油开采和炼化、钢炼冶炼和普通钢材加工等价值链的低端环节，实现了数字化、信息化生产制造；但是产业链中下游的高附加值环节，辽宁省内多为民营中小型企业，针对智能制造生产设备、生产工艺、生产控制、运营管理改造的逐渐迭代升级的进程中，企业在企业管理机制、技术装备改造、资本资金支持、人力资源储备方面都缺少数字信息化、智能化持续不断迭代升级的基础积累，持续改进迭代能力薄弱。

在"新字号"上，辽宁省相关企业存在明显"信息孤岛效应"，实施智能制造产业链整体布局的创新机制不畅通，产业链和集群效应短期不易落地。辽宁在机器人、半导体、生物医药、互联网等新兴产业引育了一些"小巨人""瞪羚企业""雏鹰企业"，但是这些行业的当地产业基础比较薄弱，企业因为起步时间短、自身资本力量和市场影响小，比较难于迅速在本地区形成产业链的集群效应。因此，应该借助工业互联网融入国内的产业链条中协同发展，利用产业链内的影响来吸引省外同行业的上下游企业加入本地产业园区，进而逐渐形成本地的产业集群。

二、基于工业互联网平台的产业链上下游企业协同智能制造模式未能有效形成

行业工业互联网生态圈建设工作的力量集中和聚焦不足，亟需省级、市级统筹同步推进。工业互联网时代的竞争不再是企业单打独斗，而是整个产业链上下游企业成员依靠工业互联网共享生产设备、仓储物流、营销网络等数字化资源，可以实现网络协同化、小规模定制化、产品服务一体化的价值链重构的整体性竞争。智能制造建设工作内容多、涉及面广、技术新。从工业互联网平台服务看，辽宁在全国和区域内缺少具有一定影响力的工业互联网平台企业。2019～2020 年度中国工业互联网 50 佳平台榜单没有辽宁的企业；从产业供应链升级改造动力看，辽宁省内装备制造业产业龙头企业或隐形冠军企业的产业集群带动作用未能有效发挥；从工业 APP 软件开发和应用水平看，辽宁省内智能研发、智能流程设计、智能监控技术、智能集成管理、智能大数据分析等各种工业场景 APP 软件和解决方案存在显著短板。

除此之外,产业工业互联网和企业智能局域网的建设对标准化体系、通用关键技术研发重视不足。产业和企业的智能制造每个层级都需要数控生产单元、数字车间、智能工厂,实现工业数据在多源设备、异构系统之间的有序流动,也离不开人机数据协同管理和协同决策,只有在同一产业内平台内实现在同一标准化体系下的硬件设施和软件环境建设,才能供行业、企业快速统一、协同应用。政府只有从具体产业生态圈和产业标准化双角度统筹同步推进,才可能集中多方优势力量、快速形成合力,在短期内完成后发先至的建设效果。

第五节 辽宁产业发展的创新能力短板

一、产业进行 R&D 研发活动的自主机构支持不足,高技术产业企业的专利研发增长趋缓

R&D 研发活动是推动高技术产业企业持续发展的核心要素,2016 年以来高技术产业企业数基本保持平稳,有 R&D 活动的企业占高技术产业企业数量比重由 2010 年的 3.44% 大幅提升至 2019 年的 50.51%,超过一半的高技术产业企业开始注重开展 R&D 活动支持企业发展。但与此同时,拥有研发机构的企业数增速不及有研发活动企业增速,有研发机构的企业数占有 R&D 活动企业的比重由 2010 年的 97.06% 下降至 2019 年的 31.33%,一方面是因为有 R&D 活动企业增长迅速,由 2010 年的 34 家迅速增加至 2019 年的 249 家,另一方面也反映了区域内高技术企业研发机构不足且增长缓慢,R&D 活动主要依靠引进、购买、改造等其他方式。① 这也导致地区专利申请数增速下降,占全国比重自 2013 年起始终呈下降趋势,由 2013 年的占全国 1.59% 下降到 2019 年的 0.93%,发明专利更是由 2013 年的 1.68% 下降至 2019 年的 0.85%,反映了地区高技术产业企业的专利研发增长呈现下行压力(见图 3-1)。2019年,辽宁省高技术产业总营业收入达到 1 929 亿元,其中利润总额 235 亿元,

---

① 根据《辽宁省统计年鉴》规模以上工业企业 R&D 活动及相关情况列表中相关数据计算所得。

但近年来波动明显，产业总体创新绩效增长较慢（见图3-2）。

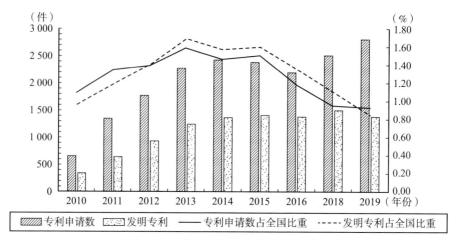

图3-1　辽宁省高技术产业专利申请情况

注：由于《中国高新技术产业统计年鉴》2017年原始数据缺失，图中仅以线性插值估计值对该年度数据进行补充并绘制了折线图。但为避免数据展示错误，未对柱状图中的2017年数据进行补充。

资料来源：历年《中国高技术产业统计年鉴》。

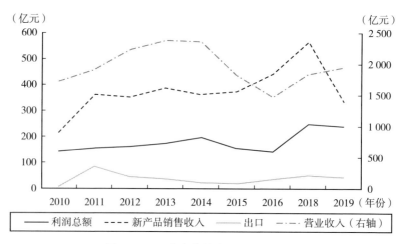

图3-2　辽宁省高技术企业收入情况

注：由于《中国高新技术产业统计年鉴》2017年原始数据缺失，图中仅以线性插值估计值对该年度数据进行补充并绘制了折线图。但为避免数据展示错误，未对折线图中的2017年数据进行补充。

资料来源：历年《中国高技术产业统计年鉴》。

二、R&D 经费和 R&D 人员波动明显，政府对企业 R&D 经费支出不足

资金和人员投入是地区创新活动和技术应用的重要保障，直接影响地区创新能力和未来创新潜力。2010 年以来内部支出始终是 R&D 经费支出的主要部分，但其波动较为明显，且来自政府和来自企业的资金比重变化尤其显著，2011 年来自各级政府部门的各类资金和来自企业部门的资金分别为 18.69 亿元和 38.86 亿元，而 2019 年分别降低至 1.90 亿元和 35.59 亿元，政府资金大幅减少，技术改造经费同样存在明显波动①，R&D 经费投入强度（R&D 经费内部支出与地区生产总值之比）较东南沿海省份偏低，财政 R&D 经费投入增长较慢，对自主创新支持力度不足。

三、企业和政府应对市场波动和风险不足

不同行业、不同企业、不同时期的主要创新驱动和风险也存在差异性。成本—收益激励是创新的直接动力，而产业的技术密集特征、面向市场以及制度安排等则会影响成本收益具体实现。"老字号"面临传统市场风险高于创新风险，高端人才是企业创新的决定要素和风险来源，公司新产品开发、业务拓展、产品升级换代、技术改造等方面对高端技术人才和专业管理人才的需求强烈。"原字号"重点产业链开发工程包括精细化工产业、高品质钢铁材料产业、有色金属材料等重要产业，其主要经营风险包括行业周期性波动风险、原材料价格波动风险、汇率风险以及环保和安全风险。"新字号"重点产业培育工程包括装备制造产业链和生物医药产业链等，对创新投入规模要求较高，产业经营和发展前景较好，但相关技术创新风险、经营风险、市场供应配套风险等风险相对较高。尤其是地区科技企业孵化器数量相对不足，在孵企业成长较慢，获得风险投资额增长较慢。政府在构筑平台、协助企业防范技术创新和市场风险方面投入不足，缺乏针对性的保障措施，产学研联盟建设有待进一步加强。

---

① 经历年《高技术产业统计年鉴》相关数据整理所得。

第六节　辽宁省在塑造"智能制造"产业
基础条件中的关键任务

第一，建成优势产业的工业互联网基础设施典型工程。首先，选择典型的优势产业作为代表，加快基础共性、关键技术、典型应用等工业互联网标准体系的研制，建成覆盖全产业链的特色型产业工业互联网云平台和平台服务；其次，推动知识图谱、基础工艺、控制方法、运行机理等工业知识的软件化、模型化，建设提升全产业链的数据汇聚、分析、应用能力，打造行业工业互联网大数据中心及数据综合服务。

第二，以"新基建"打造智能制造的硬件环境，以培育在"新动能"塑造推动智能制造创新机制，深化行政管理体制改革，真正发挥市场在资源配置中的决定性作用，为新经济开辟新的发展空间。各级政府进一步优化公共服务、创新行政管理，促进制度创新与技术创新的融合互动，提升行政审批、法规调整、政策支持、标准规范、资源开放等方面政府服务的科学性、灵活性和针对性。如实现"政务云"建设，省市两级业务系统"上云"率达到100%；培育数据要素市场机制，建成各类有效的政府数据共享交换平台，建设省内重点行业的数据库；加快法规、政策、标准等宏观软环境的动态调整，严格地方标准管理，逐步建立政府主导制定的标准与市场自主制定的标准相协调的动态响应机制等。

第三，在代表性制造行业探索出可复制、可推广的企业数字化、智能化升级改造的通用技术路线和有效途径。首先，加大省级、市级、行业级的统筹协调力度，对前瞻性问题、战略性问题、综合性难题发挥协同、指导和引领作用，确保各项工作落实到位；其次，破解企业、行业向智能制造升级的资金困难，拓宽资金来源渠道和途径，加大金融、财政、税收政策的改革创新，增强政府资金扶持，鼓励资本市场利用信用债券、知识产权估值、动产质押等金融产品和金融服务创新，强化对智能制造产业圈的个性化、精准化支持；最后，建设运营"产业人才大数据平台"，定期发布工业互联网领域人才需求预测，推动产学研联盟，深化落实校企联合培养、协作研发机制，构建工业互联网人才支撑体系，为行业持续发展提供人才保障。

第四，推动产学研联盟，深化落实校企联合培养、协作研发机制，构建工业互联网人才支撑体系，增加复合型人才储备。首先，针对辽宁省重点产业，围绕工业互联网赋能制造业发展需求，加大智能制造领域高端、复合型人才引进力度，依托国家重大人才工程和辽宁省高层次人才特殊支持计划，引进一批领军人才，搭建工业互联网专家智库；其次，加强高校、研究院所与企业合作，依托优势高校与行业重点企业，建设一批工业互联网、数控装备应用、智能企业管理等领域的各层次专业技术人才培养和实训基地，对重点行业、关键技术环节、通用智能运维控制等岗位专项培训专业技术研发与应用人员；最后，引导本地高校调整完善学科专业建设体系和人才培养评价体系，支持校企合作开展工业互联网应用人才的"订单式"培养，实现专业人才的长线供应，实现企业和人才的精准匹配。

第五，在数字化基础较好的产业基本形成云平台、大数据、人工智能技术支撑下的智能制造新模式。首先，全面推动"老字号""原字号"的龙头和骨干企业实现企业内部网络上的数字企业级的智能制造生产和经营模式，实现辽宁省制造业在广度上的智能制造，形成产业内、企业内智能制造的标准化建设体系，为发挥产业链的带动作用和示范作用奠定基础；其次，加强平台设备接入、应用开发等支持能力，突破研发、生产、管理等基础工业APP软件云化迁移，支持"老字号""原字号""新字号"的龙头和骨干企业基于工业互联网云平台的广泛连接，带动产业链上下游中小企业业务系统云端迁移；最后，汇聚设备、技术、数据、模型、知识等资源，打造贯通数字孪生供应链、覆盖多领域的网络化资源和服务配置体系，发展协同设计、众包众创、共享制造、分布式制造等生态圈式智能制造模式，发挥引领示范作用。

第六，基本构建出企业智能化、行业数字化的评价方法和评价体系，能够进行相关评价并指导企业、行业进行完善性工作。首先，组建省级的智能制造评价指导专家组，专家组成员由政府、高校、企业的相关技术人员组成并定期进行轮换，技术人员要覆盖数控硬件、工业APP软件、互联网工程、大数据采集和分析、供应链管理工程、物流工程、物联网工程、金融工程以及被评价企业或行业等专业领域；其次，评价指标体系应该分别针对企业智能化、行业数字化两个层面，并且要兼顾硬件设施、软件环境、业务协同、人机协同、大数据服务等具体的智能制造生态圈场景。

第七节 辽宁省在强化"智造强省"战略中产业基础的重点关注领域

一、集成电路产业：智能制造发展的根植性基础产业，推进智造强省战略的虹吸引擎

随着智能制造急速发展时期的到来，对智能装备的需求与日俱增，高质量的智能装备制造业成为相关领域竞争的重心。然而，随着全球贸易摩擦和新冠肺炎疫情的出现，经济与贸易复杂度的加剧使得关乎智能装备制造业发展的基础零部件产业的重要地位愈发凸显，其中集成电路产业便是代表，芯片产业最为关键。加之"双循环"发展格局的提出，要求以"内循环"为重心的导向使得如何构建和运用国内产业链成为智能装备制造业所需考虑的重要因素，因而集成电路产业能够为地区智能装备制造业的发展的集聚提供虹吸效应，并且集成电路的相关产业所内含的关键技术和扩散效应越强，则越能够吸引更为广泛且高质量的智能装备制造业入驻，从而为地区智能制造产业的发展提供更为有效的地区比较优势，进而成为助推智造强省战略的重要虹吸引擎。

在具体的保障方向上，新时期辽宁省应当着眼发展电源管理芯片、存储芯片、汽车电子芯片、驱动芯片等产品。加大集成电路公共服务平台建设力度，集聚一批集成电路设计龙头企业，实施一批大尺寸、窄线宽先进工艺晶圆制造项目及 MEMS、化合物半导体等特殊工艺线项目，发展高密度、高可靠性先进封装工艺，打通原材料、设备等上下游环节，从而实现系统发挥虹吸效应的目标。

二、软件服务产业：力争打造地区算法开发高地，为智能制造提供软件支撑

目前中国人工智能产业发展迅速，但在关键核心技术上仍然存在较大短

板，这不仅在一定程度上阻碍了人工智能相关产业的进一步发展，也在一定程度上抑制了人工智能与制造业的融合，从而在一定程度上对制造强省战略的开展形成桎梏。而在关键核心技术的缺失方面，软件行业，尤其是与机器学习、大数据分析、自然语言生成、智能工作流、认知智能体等相关的软件短板格外显著，这更是极大地限制了智能装备制造业的发展以及制造业系统性向智能化转型的步伐。而反观辽宁省，依托东北大学的东软集团在人工智能相关领域的软件算法开发上已然取得了一定的比较优势，成为承接一线城市算法人才的重点集聚地，并且也逐渐形成地区性的人才虹吸效应。充分利用地区已有的比较优势，积极打造地区算法开发高地，为智能装备制造业发展以及智能制造的系统性升级提供助力是辽宁省中长期内利用产业转移路径的有效方针，这一方面能够促进地区积累人才环境和禀赋优势，另一方面也能够更进一步形成对软件算法人才的洼地效应，从而为制造强省战略提供环境支持。

因此，在具体的扶持方向上，辽宁省应重点发展面向云计算、移动互联网、物联网的操作系统、新型中间件和办公套件，计算机视听觉、机器学习、自然语言处理等智能化软件，计算机辅助设计与仿真、制造执行系统、企业管理系统、产品全生命周期管理等工业软件及应用解决方案。此外，也应创新软件服务新理念，围绕智能集成服务领域，提升"互联网＋"综合集成应用水平，研发综合性应用解决方案，从而更为系统地为制造强省战略保驾护航。

三、智能石化产业：努力打造全国石化产业智能化转型示范典型，为地区制造强省战略探寻道路

石化工业是辽宁省的支柱产业，对国民经济发展起到重要的支撑作用，但长期存在的油化比例失调、产能结构性过剩、低端产品集聚等矛盾在新时期国内需求结构转型的过程中愈发凸显。近年来，作为石化工业中最具活力和发展前景的领域，精细化工产业发展不断受到中央及地方政府的高度重视，以浙江、江苏、山东、河北为代表的地区在原有石化产业的基础上进一步深化精细化工工业发展，已然初具规模。那么，若想在短期内实现精细化工产业的高质量发展，除了实现精准定位基础上的产品差异化发展外，通过

智能化转型，实现智能石化产业发展亦是重要的践行手段。当前的石化企业智能化转型一般有两条路径。一是建立一体化的全流程模型，即对生产、科研、运行、管理等环节全面建模并实现不同业务流程的耦合运行，通过实时模拟、不断优化，增加模拟的约束条件，使模型无限逼近真实。但从现有案例来看，这种方法的工作量太大，并且针对性较强，难以推广，但大数据技术提供了另一种方案，即脱离复杂的物理概念，用纯数据模型进行分析和预测，这需要智能化转型工作从"以流程为中心"转向"以数据为中心"。

除此之外，石化企业的"信息孤岛"现象亦比较常见，主要有两个原因：一是在初期缺乏整体规划，智能化建设一般仅围绕单独项目或应用，缺少信息共享机制的顶层设计；二是由于职能部门各自为政、工作流程整合不利、数据所有权模糊以及技术实现上的局限。"信息孤岛"的存在造成了各系统之间的"绕路现象"，即彼此孤立、不成体系，关键的操作仍需借助人工。这不仅没有减轻人的劳动强度，反而增加了不必要的工作量，与信息化建设的初衷背道而驰。因此，实现系统的智能化转型实有必要，作为辽宁地区重要的传统产业，石化产业的智能化升级将具有重要的典型示范作用，其不仅将为全国智能石化产业发展提供借鉴，而且也能够为智造强省建设的推广提供路径。

第八节　辽宁省在强化"智造强省"战略中产业基础的重点依托平台和技术

一、数字经济相关技术的发展为"智造强省"战略提供技术支撑

习近平总书记指出，促进数字技术与实体经济深度融合，发挥数字技术对经济发展的放大、叠加、倍增作用，赋能传统产业转型升级。① 本书认为，"数字辽宁、智造强省"应重点发展数字技术，对"老字号""原字号"进行"机器换人""设备换芯""生产换线"智能化改造，用数字化经

---

① 《发展数字经济　培育高质量发展新动能》，人民网，2019 年 3 月 1 日。

济引领辽宁产业结构优化升级。依托辽宁深厚的工业基础，将丰富的工业场景资源转化为振兴新优势，为制造业插上"智慧的翅膀"，推动辽沈大地发生"数字蝶变"。

二、推动制造业数字化发展

以智能制造为主攻方向，推动数字技术和制造业的深度融合，深化人工智能、互联网、5G 技术、大数据、云计算、区块链等新一代信息技术在制造业领域的广泛应用，推动企业数字化转型。数字技术赋能制造业发展应当是全方位、全角度、全链条的赋能，使得数字化技术在研发设计、生产制造、经营管理、市场营销、运维服务等各环节得到融合应用。到 2025 年，辽宁省力争实现规模以上工业企业关键工序数控化率达到 80%，规模以上工业企业数字化研发设计工具普及率达到 95%。积极发展工业互联网，推进企业级、行业级、综合性平台建设，开展企业"上云用数赋智"专项行动，加快推动企业实现业务、数据和设备"上云上平台"，到 2025 年，争取实现 20 万家企业"上云上平台"，其中工业企业达 5 万家。①

三、发展数字产业

数字产业的发展，为制造业数字化赋能夯实基础，提供产业支撑。支持数字产业全链条发展，培育具有较强影响力的数字产业集群。辽宁曾经是全国软件业发展的领军者，然而现在南京、杭州等起步较晚的兄弟城市后来居上，成为中国软件名城。至 2021 年，辽宁已连续 9 年位居全国软件外包收入首位②，要巩固软件外包业务的优势地位，依托沈阳国际软件园和大连服务外包基地，建设全国重要的软件产业自主研发基地、服务外包承接基地。应该依托辽宁优势产业，以工业互联网为重点，积极发展工业软件产业，开发面向人工智能应用的操作系统、数据库、开发工具等关键基础软件。需创新软件和信息技术服务产业，继续举办制造业数字化转型工作交流会及铁西

---

① 辽宁省工信厅：《辽宁省工业互联网创新发展三年行动计划（2020～2022 年）》。
② 《辽宁省连续 9 年居全国软件外包收入首位》，载《辽宁日报》2021 年 6 月 25 日。

智能制造伙伴对话活动，了解企业数字化转型的痛点难点，软件开发更加符合市场需求。加快发展人工智能产业，加强对如物联网核心芯片、新一代工业机器人、车载智能终端等产品研发，整合沈阳、大连优质资源，把辽宁打造成全国最大的机器人研发和制造基地。

案例：施尔奇汽车系统（沈阳）有限公司为华晨宝马重要的座椅骨架供应商。施尔奇公司的生产线引入了"智慧生产"系统，不合格产品会被系统自动识别并进行复检，复检仍不合格则由智能机械手臂挑出。整个过程生产线不停摆，效率得到了有效保证。宝马产品面向全球，会根据不同地区的客户需求调整技术参数，需要及时跟上参数变化。施尔奇公司与宝马总部建立了一个信息交互平台，实现与宝马同步变化、同频更新。"数字之手"为施尔奇按下"加速键"，单件产品生产效率比行业平均水平高出20%以上，赢得了合作伙伴的认可，公司的客户满意度不断提升。

四、沈大国家自主创新示范区为"智造强省"战略提供重要的产业基础发展平台

高质量建设沈大国家自主创新示范区（即沈阳、大连两个国家高新技术产业开发区），把示范区和其内的产业集聚区作为培育产业集群和产业链的核心载体，提升产业创新能力和资源集约利用效率，充分发挥国家级高新区的辐射带动作用，将沈大国家自主创新示范区建设成为东北老工业基地高端装备研发制造集聚区、转型升级引领区和开放创新先导区。要加强沈阳、大连两个自主创新示范区的协调联动，探索区区合作、品牌联动以及园区联盟等发展模式，合力建设具有国际影响力的先进制造业中心和科技创新中心。

（1）建设一流的营商环境。要持续优化沈大国家自主创新示范区营商环境，将其打造为办事方便、法治良好、生态宜居的国家自主创新示范区，为各类市场主体投资兴业营造稳定、公平、透明的发展生态。要提升政务便利化水平，对标国际一流高标准营商环境评价体系，深入推进政务服务"一网通办""智能秒办"，将沈大国家自主创新示范区打造为"掌上办事示范区"。建设示范区政策精准推送平台，对各部门政策信息精准有效推送至示范区内企业，推行惠企政策"免申即享"。

（2）打造示范区智能制造生态体系。首先要加强对示范区内企业资金支持，落实普惠性税收优惠政策，积极开展"园区集合贷"产品，开展"政银担"进园区融资对接活动。如兴业银行大连分行在高端制造集聚区设立专业化团队，提升金融服务的覆盖面和针对性，为智造强省建设积极贡献力量。其次，自主创新示范区要积极引进人才，用好人才，对于高端人才的引进，不能出台相关政策后等着吸引人才来投，而是应该主动走出去，去全国各地请人才来自主创新示范区建功立业；要加强与人才的联系，可以举办一些智造强省论坛活动，邀请专家出席，请专家对示范区内智造强省建设把脉问诊，提出宝贵意见。最后，要强化创新在沈大国家自主创新示范区的主体地位，鼓励产业链领军企业牵头上下游企业、高校、科研院所以及金融机构组建研发创新平台，形成以企业为主体、市场为导向、产学研深度融合的技术创新体系；要加强智能智造关键核心技术的攻关，滚动编制关键核心技术清单，实行"揭榜挂帅"等制度，实现示范区内"卡脖子"技术突破。通过吸引资金流、人才流、技术流有机融合，形成沈大国家自主创新示范区高水平智能制造生态体系。

第四章 辽宁"老字号"产业智能化改造升级

　　当前,全球正经历一场更大范围、更广领域、更深层次的科技革命,新一代信息技术创新发展与快速应用正引领新一轮产业变革,产业格局加速破旧立新,人类社会正处在一个大发展、大变革、大调整的时代。随着数字经济浪潮的来临,大数据、云计算、人工智能、5G 网络、元宇宙等技术范式快速发展,促进新一代信息技术与制造业融合式创新发展。面对制造业发展的这一新趋势,各国积极推进智能制造战略以更好地适应产业发展新要求,如美国的工业互联网战略、德国的"工业4.0"战略、日本的工业价值链战略等。因此,推进智造转型已经成为科技革命和产业变革的主要特征,也成为各地区打造数字经济时代制造业新型竞争能力的必答题。进入新发展阶段,辽宁应将智能化改造升级作为"老字号"产业发展的核心内容与关键举措,做好充分的战略准备,大力发挥"老字号"产业自身的基础和优势,避免进入发展误区,积极探索适合老工业基地"老字号"产业发展的新路径。本章将通过分析辽宁"老字号"产业智能化改造升级的内涵特征、现状趋势与面临的挑战,提出辽宁"老字号"产业智能化改造升级的目标方向与对策建议。

第一节 辽宁"老字号"产业智能化改造升级的内涵特征

　　辽宁作为全国重要工业基地,产业门类完备,其"老字号"产业主要集中在装备制造业,包含输变电装备、航空装备、石化装备、轨道交通装备、船舶与海洋工程装备等领域。党的十八大以来,辽宁全面贯彻落实

"创新、协调、绿色、开放、共享"的新发展理念，以"三个字号"统领结构调整新趋势，积极改造升级"老字号"产业，为促进产业结构调整、培育产业发展新动能，进而加快智造强省建设奠定了坚实基础。辽宁"老字号"产业智能化改造升级是通过现代智能技术赋能"老字号"产业的过程，其核心为促进"老字号"产业数字化、智能化，促进"老字号"产业的企业运用智能制造技术在研发、生产、制造、管理、服务等方面实现智能化转换，因此，辽宁"老字号"产业的智能化改造升级具有以下特征：

一、流程系统化

辽宁"老字号"产业企业要从自身发展的核心问题出发，合理制定整体规划与顶层设计，遵循智能化改造升级的发展方向，整合智能制造资源，布局智能制造系统，提高智能制造能力，分阶段、分环节、持续性获取智能制造资源，积极扩展企业在研发设计、生产制造、物流仓储、订单获取、产品服务等各个环节的智能制造业务水平与处理问题能力，最终形成辽宁"老字号"产业完整、高效、科学的系统化智造流程。

二、产品智能化

随着人工智能、先进算力、5G、大数据、云计算等技术的发展，以及多种方法混合技术、多角度系统技术、机器学习、硬软件一体化和并行分布处理技术的进步与应用，辽宁"老字号"产业发展将向产品更加智能化的方向拓展，而且"老字号"产业的供需两端也将拥有更高的智能程度，通过不断打造智能系统，提升产品研发人员的学习能力，融合产品链条与技术链条，提升辽宁"老字号"产业的整体智能化水平。

三、应用多元化

随着"老字号"产业的智能化改造逐渐升级，将赋予辽宁"老字号"产业不同程度的系统智能，推动"老字号"产业实现"感知—决策—行为—反馈"的闭环工作流程，解决重大装备环节的生产需求，推动"老字号"

产业不断衍生进化出复杂产品与新型产品，提供柔性自适应的能力，激发市场多元化需求，辽宁"老字号"产业将实现产业功能复合化升级，不断拓宽应用领域，并向多元化方向迈进。

第二节　辽宁"老字号"产业智能化
改造升级的现状与趋势

产业智能化改造升级将成为实体经济发展的新引擎、新动力，在这种趋势下，辽宁将智造转型作为"老字号"产业发展的主攻方向，围绕"老字号"产业智能化改造升级进行了探索与尝试，并取得明显的成效。

一、辽宁"老字号"产业智能化改造升级的现状

（一）大力发展智能制造业，夯实"老字号"产业智造转型基础

近年来，辽宁加快培育创新动力，争取国家政策支持，大力集聚高尖端人才，打造创新驱动主引擎与新高地。辽宁"十三五"科技规划提出，未来5年，辽宁将进一步以科技创新为引领，积极推动高端装备制造、人工智能、新一代信息技术等战略性新兴产业发展。① 2012年沈阳机床集团研制成功世界首台具有网络智能功能的i5② 数控系统。为了深入实施《辽宁省智能制造工程实施方案》，2018年辽宁重点推进了100个智能制造及智能服务试点示范项目，其中，装备制造60个、电子14个、医药6个、轻工4个、冶金和石化各3个、纺织和民爆各2个、建材1个、智能制造标准验证类项目5个，大力开展科技创新引领产业振兴专项行动。③ 沈阳远大集团独立开发的智能磨削系统填补了国内大型复杂曲面磨削相关领域的技术空白，该系统已应用于高铁、海工、航空等领域；金杯江森公司对汽车座椅和汽车内饰生

---

① 辽宁省人民政府：《辽宁省"十三五"科学和技术发展规划纲要》，辽宁省人民政府网，2018年5月8日。
② i5是指工业化、信息化、网络化、智能化和集成化的有效集成。
③ 李越：《辽宁着力加快推进制造强省建设步伐》，载《辽宁日报》2018年5月1日。

产线进行了智能化改造升级，集制造执行、设备故障分析、质量控制等环节于一体运行平台，智能化改造完成后，企业将具有100万辆的高端坐椅装配能力，新增产值22亿元。① 此外，2019年东北制药国家项目"大宗原料药及医药中间体智能制造新模式"成功通过验收，该项目的原料药全流程MES智能制造系统属全国首创，实现了生产全流程的穿透式管理。② 通过以上智能制造项目的开展，辽宁"老字号"产业企业的智能制造能力成熟度水平得以大幅提高，如表4-1所示，辽宁关键装备制造业主要经济指标得到明显改善。

表4-1　　　　2015~2019年辽宁规模以上装备制造业主要经济指标

主要经济指标	2015 年	2016 年	2017 年	2018 年	2019 年
企业单位数（个）	4 237	2 713	2 372	2 339	2 709
资产总计（亿元）	13 020.25	12 772.32	12 573.47	11 383.30	13 155.00
负债合计（亿元）	8 012.03	8 353.18	8 150.01	7 443.50	8 179.40
主营业务收入（亿元）	10 846.90	7 623.52	7 250.10	7 118.20	8 392.90
利润总额（亿元）	531.82	318.00	451.57	531.00	595.60

资料来源：根据2016~2020年《辽宁统计年鉴》计算。

（二）大力推进技术攻关，促进"老字号"产业改造升级

党的十八大以来，辽宁聚焦智能制造关键领域，集中力量攻克一批关键核心技术。2017年，辽宁获得国家科技奖励96项，攻克重大关键技术300余项。③ 沈阳市对引进德国西门子等公司技术对其传统工业进行智能化改造的企业，给予了政策和资金支持，政府承担技术改造费用的20%，企业单一项目最高可获补贴2 000万元。④ 2020年，辽宁重点实施产业链发展工程，推动装备制造业向智能化方向发展，培育壮大IC装备、航空装备、机器人等产业链，同时实施产业基础能力提升工程，推进10个首台（套）重大技术装备、100个智能制造重点项目。⑤ 截至目前，辽宁已经攻克了机器

---

① 孙大卫：《辽宁省制造业智能化改造升级取得阶段性成果》，载《辽宁日报》2017年3月24日。
② 孙大卫：《东北制药国家智能制造项目通过验收》，载《辽宁日报》2019年2月27日。
③ 唐一军：《2018年辽宁省政府工作报告》，辽宁省人民政府网，2018年2月2日。
④ 任明超、王林：《智能制造业：东北振兴的下一个"风口"》，载《中国青年报》2016年3月28日。
⑤ 唐一军：《2020年辽宁省政府工作报告》，辽宁省人民政府网，2020年1月17日。

人、智能信息处理、复杂制造系统等一批关键装备制造业技术，沈阳机器人生产技术跃居世界领先地位。这些举措为辽宁"老字号"产业智能化改造升级奠定了良好基础，提升了辽宁装备制造业利润水平（见表4－2）。

表4－2　　　　　2015～2019年辽宁装备制造业各子行业利润情况表　　　单位：亿元

行业	2015 年	2016 年	2017 年	2018 年	2019 年
金属制品业	43.34	22.22	18.10	18.50	34.50
通用设备制造业	104.68	24.87	39.32	39.40	0.30
专用设备制造业	－9.49	－22.83	－12.24	10.80	18.20
汽车制造业	240.81	194.39	290.90	319.30	343.10
铁路、船舶、航空航天和其他运输设备制造业	37.23	42.70	5.29	6.20	41.50
电气机械和器材制造业	58.53	29.51	22.03	10.30	22.70
计算机、通信和其他电子设备制造业	38.43	58.04	84.96	128.30	139.20
仪器仪表制造业	16.34	13.59	9.56	9.30	11.50
金属制品、机械和设备修理业	1.95	－44.48	－6.36	－11.00	－15.30

资料来源：根据2016～2020年《辽宁统计年鉴》计算。

（三）大力发展工业互联网，提升"老字号"产业智能化水平

按照国家推进智能制造的政策计划，辽宁结合"老字号"产业的特点与自身情况，紧紧围绕重点领域、关键环节，积极推进新一代信息技术与装备制造融合的集成创新与工程项目，促进装备智能化转型、生产制造信息化管理，实现"老字号"产业智能化转型升级。2016年，沈阳格微软件公司依托"互联网＋"平台，创建了"中国工业淘堡网"，向企业及时、精准地推送知识服务；大连高新区创客空间创办的"第九单片机开发网"汇聚了全国29万名工程师，成为工程师们建言献策、创意创新的新基地与联络桥。[1] 2019年，

---

[1] 王振宏、孙仁斌、石庆伟、段续、辛林霞：《成就未来的新动力 激发振兴的新希望——东北新经济发展折射供给侧结构性改革新动向》，新华网，2016年10月18日。

辽宁华为锦州云计算数据中心启动运行,"上云"企业达 3 万多户,软件信息技术服务业营业收入增长 19%,腾讯东北地区结算中心落地沈阳;与此同时,2019 年,辽宁举办工业互联网全球峰会,并制定实施工业互联网创新发展三年行动计划,推出一批工业互联网项目。[①] 辽宁省智能化发展指数达 30.74,位居全国第 16 位,而黑龙江、吉林智能化发展指数分别为 23.96 和 25.42,分别位列全国第 23 名和第 19 名,智能化发展水平有待进一步提高(见图 4-1)。

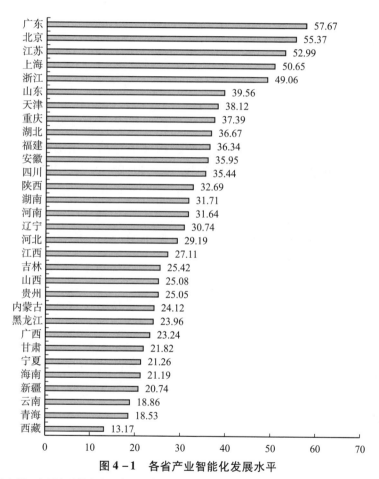

图 4-1 各省产业智能化发展水平

资料来源:中国电子信息产业发展研究院。

---

① 唐一军:《2020 年辽宁省政府工作报告》,辽宁省人民政府网,2020 年 1 月 17 日。

（四）大力推进数字化转型，加快"老字号"产业结构优化升级

"十四五"开局之年，辽宁积极发挥产业数字化优势，激活"老字号"产业的历史积淀与雄厚基础，面向产业发展新特征、新趋势，加快构建高端、高效、高质、高新的现代产业体系，加快推进辽宁"老字号"产业结构优化升级与高质量发展。为此，辽宁专门制定了制造业数字化赋能的行动方案，提出到 2023 年，辽宁关键业务环节全面数字化的规上制造业企业比例要达到 43%，规上工业企业接入工业互联网率达到 56%，数字化研发设计工具普及率达到 84%，人均工业机器人装机量达到 160 台/万人，同时将重点推进数控机床、汽车、船舶及海洋工程装备、航空航天等重点企业加快数字化、网络化改造，大力提升智能化制造等能力，到 2023 年，规上装备制造业企业关键工序数控化率达到 70%，规上制造业实现网络化协同的企业比例达到 35%，积极培育网络化协同新业态和智能化制造新模式。① 辽宁聚焦数字化转型和智能化改造，2021 年安排 30 亿元"数字辽宁、智造强省"专项资金，推动 1 万户工业企业"上云"，新建 5G 基站 2.5 万个，目前，辽宁规模以上企业数字化研发设计工具普及率和关键工序数控化率已分别达到 75% 和 51.81%。② 为了进一步激活产业优势、促进供需对接，提高创新发展能力，辽宁根据部分重点企业和园区的产业现状和数字化赋能要求，从网络、平台、安全和数字化改造四个方向，梳理出千余个场景，其中 88% 左右的应用场景集中在网络和数字化改造，主要解决企业工业产品全生命周期的各个环节面临的数字化改造痛点。③ 如表 4-3 所示，辽宁首批制造业数字化赋能应用场景涉及设计、生产、物流、服务等环节的痛点、堵点，共计 1 453 个需求，梳理出这些数字化典型应用场景和数字化改造需求，有利于加快推进"老字号"产业结构优化升级。

---

① 邹明仲：《辽宁推动制造业数字化赋能》，载《经济参考报》2021 年 7 月 22 日。
② 郭威、闫琦峰：《辽宁传统工业拥抱数字化　加速推动产业转型升级》，央广网，2021 年 4 月 19 日。
③ 孙大卫：《辽宁省发布 1453 个数字化应用场景需求》，载《辽宁日报》2021 年 10 月 19 日。

表4-3　　　　　　　辽宁首批制造业数字化赋能应用场景

痛点环节	场景类别	需求
设计环节	3类场景	97个需求
生产环节	11类场景	940个需求
物流环节	2类场景	113个需求
服务环节	4类场景	203个需求

资料来源：根据辽宁首批制造业数字化赋能应用场景整理。

二、辽宁"老字号"产业智能化改造升级的趋势

（一）培育"老字号"产业智能改造动力源

目前，辽宁"老字号"产业正处于新旧动能转换交替之际，一方面，"老字号"产业面临产能过剩与有效需求不足的双重困难；另一方面，国内发达地区积极利用新一代信息技术加快推进其"老字号"产业实现智能化改造升级，以及全球制造业智能化浪潮，给辽宁"老字号"产业带来了强烈的市场冲击。因此，辽宁"老字号"产业要紧抓智能制造发展机遇，运用智能技术、数字技术，整合全产业链研发力量，推动"老字号"产业生产技术、商业模式、产业业态的创新与变革，充分将智能化技术与"老字号"产业具备的资源优势、市场优势、机制优势紧密结合起来，加快推进以数字智能技术为依托的项目工程，快速实现生产智能化与产业高端化，同时要大力推崇企业家精神和工匠精神，积极扶植"老字号"产业的专精特新小企业，培育智能化改造爆发"动力源"，推动辽宁"老字号"产业智能化改造升级在全球产业竞争格局中实现弯道超车。

（二）推动"老字号"产业形成差异化竞争力

推动形成差异化竞争力是辽宁"老字号"产业智能化改造升级的重要目标任务。未来辽宁要借力数据资源，建设数字基础设施，积极利用大数据、云计算、人工智能等技术进步效应，促进"老字号"产业上游与下游市场需求的有效衔接，简化销售与交易流程，降低上下游企业之间的信息交

流成本与交易成本，打破辽宁"老字号"产业传统的以资本、劳动为主的生产要素，加快技术、服务、平台、数据等新生产要素的形成，有效贯通研发设计、市场调研、数据采集、物流运输、售后服务等各个环节，将辽宁"老字号"产业传统的企业和消费者之间分散、消极、被动的单向传导模式转变为企业和消费者之间紧凑、积极、互联的双向传导模式，使得辽宁整个"老字号"产业的创新能力得到巨大提升，推动"老字号"产业开放发展与产品创新，最终形成辽宁"老字号"产业智造升级的差异化竞争优势。

（三）促进"老字号"产业智能融合发展

辽宁"老字号"产业智能化改造的一个重要趋势是实现产业融合发展，促进智能技术赋能"老字号"产业。未来辽宁"老字号"产业要积极融合新兴数字技术与智能技术，强化新一代信息技术成果产业转化与实际应用，运用"互联网＋"、数字云等优势，变革"老字号"产业"高成本、高能耗、低回报、低效率"的传统生产模式，提高"老字号"产业企业研发部门智能化技术运用的深度和宽度，加速"老字号"产业内在技术创新和动能转换。同时，要积极推动"老字号"产业的企业进行设备与生产线自动化、智能化改造，加快核心设备与业务流程"上云"，部署建设智慧工厂，加快发展以数字孪生、智慧园区为代表的融合型数字化产业，逐步形成开放、融合、协同的"老字号"产业发展体系，聚焦"老字号"产业智造转型过程中相关企业存在的关键性共生问题，最终实现辽宁"老字号"产业的体系融合发展与产业链良性运转。

第三节　辽宁"老字号"产业智能化
改造升级面临的挑战

一、"碳中和"与"碳达峰"对"老字号"产业发展提出新要求

辽宁省处于东北老工业基地龙头地位，"老字号"产业份额较大，产业贡献明显，其在生产过程中对资源过度消耗，造成了对资源环境的严重破坏

与粗放发展，使得辽宁省资源环境变得脆弱，不能适应高质量发展诉求，资源环境对"老字号"产业发展的约束力加强，传统制造的生产模式已不适应资源环境的要求，"老字号"产业转型发展势在必行，而智能化改造升级将促进现代智能技术和制造业相结合，提高"老字号"产业的生产效率、资源综合利用率和运营管理效率等。进入新发展阶段，结合经济发展的历史经验，以及国外发达国家的发展轨迹，针对辽宁产业的实际情况，深入贯彻新发展理念，推进"老字号"产业绿色智能发展，是"碳中和"与"碳达峰"双目标对辽宁"老字号"产业发展提出的新要求、新任务，必将引领"老字号"产业发生深刻变革。

二、"老字号"产业智造基础薄弱，创新能力不足

辽宁省"老字号"产业数字化起步较晚，工业互联网、云计算、人工智能、数据中心等数字基础设施建设相对滞后，新型基础设施和"老字号"产业智能化改造升级的基础相对薄弱，"老字号"企业数字化建设和应用水平差距较大，部分企业虽然在采购、生产、销售、研发等过程中普遍采用信息化技术，但各个环节数据信息资源难以实现有效对接，导致企业整体管理水平难以提升。另外，目前辽宁整个"老字号"产业智能制造相关技术的基础研究较为薄弱，缺乏原始创新与技术革新，缺少智能制造行业标准，辽宁省"老字号"产业企业对智能化改造升级带来的管理扁平化、生产经营透明化等一系列转变存在一定畏难情绪，创新能力不足。

三、技术改造不到位，智能化进程缓慢

"老字号"产业智能化改造升级以产品全生命周期价值链的数字化、智能化、网络化为核心，通过构建企业内部纵向管控和企业外部网络化协同体系，融入分布式、可扩展性、适应性的产业技术系统，推动关联企业持续延伸价值链，打造具有动态感知、柔性生产、精准执行以及系统融合功能的智能工厂，进而实现高效、低耗、绿色、优质、智慧、安全的生产制造体系。然而，纵观辽宁"老字号"产业的发展现实，以重化工业和资源消耗型为主，智能化改造升级的过程需要投入大量研发资金和专业技术人员，加上投

入的风险大、周期长以及回报不确定等因素，使得辽宁"老字号"产业的智能化改造升级仍处于初级阶段，"老字号"产业的结构调整与技术创新仍然不尽如人意。此外，从成本控制和技术资源配置上看，辽宁省"老字号"产业的许多大中型核心企业由于核心技术缺失、关键设备陈旧，国有企业体制机制相对僵化，数字经济时代的生产方式还未建立，智能化技术创新不够，严重影响了"老字号"产业的智能化改造升级进程。

四、高端人才培养机制不合理，专业研发人才不足

辽宁的"老字号"产业由于历史条件的限制，多集中于传统加工领域，面临高级技工流失、社会成本提升、智能制造人才缺口大等挑战。受传统人才培养体系的影响，目前，辽宁省缺乏专业研发人才的培养储备、绩效考核等体制机制，"老字号"产业企业中缺乏智造工艺流程、大数据分析、先进信息技术、企业管理等方面的复合型人才。新发展环境下智能化改造升级与创新提升的复合型人才的缺乏，导致"老字号"企业无法将智能制造与传统生产相统一，更无法将智造技术与产品进行有效协同，在生产线智能化改造中会出现重复建设、变更返工、推倒重来的风险。此外，在重视人才方面存在偏颇，更多时候是去挖人，而不是注重发挥辽宁产业工人的知识和经验，培养劳动力的主动性与创造性，优化人才环境依然行动迟缓。

第四节 辽宁"老字号"产业智能化改造升级的目标方向

一、通过"老字号"产业智造转型，促进辽宁制造业动能转换

当前，智能技术正驱动辽宁"老字号"产业智能化发展。智能技术能够提高企业生产效率、解决市场供需失衡、适应新型制造需求、推动企业转型升级，从而促进"老字号"产业链升级。一方面，"老字号"产业智能化改造升级是因为现代数字技术、人工智能、工业互联网的发展推动了"老

字号"产业的产业组织模式变化、生产成本降低、制造技术创新、市场需求变化等；另一方面，数字经济时代的到来，将数据驱动与创新驱动、需求驱动和供给驱动相结合起来，极大地促进了辽宁"老字号"产业的创新，同时数字经济时代强调要引导制造业与互联网、云计算、新技术等融合发展，数字技术、智能技术的发展将不断拓展经济适用范围，显著降低"老字号"产业运营成本，能够最大化发挥规模经济效应与技术创新效应，在相同的智能化进程中，规模越大的企业绩效往往越好，这有助于"老字号"产业自主创新能力的提高，从而为辽宁"老字号"产业智能化改造升级提供新动能。

二、通过"老字号"产业智造转型，提升辽宁制造产业应用场景竞争能力

目前，辽宁省"老字号"产业正处于智造转型发展战略的关键期，一方面，运用大数据、云计算、工业互联网平台、先进算力等新一代技术推进"老字号"产业智能化改造升级有助于构建以多层次、全方位、协同化为特征的现代制造产业体系，有力地激发"老字号"产业发展的潜能，推进辽宁"老字号"产业实现弯道超车。另一方面，通过大力促进大数据、云计算、人工智能等数字产业的发展，强化数字智能技术对辽宁"老字号"产业应用场景的赋能，推动"老字号"产业应用场景中各类数据资源开发的标准化，大力提升辽宁"老字号"产业的数据资源的利用效率，加强数据要素的管理与数字产业化和产业数字化的融合发展，丰富辽宁"老字号"产业数据要素的种类，提升辽宁"老字号"产业应用场景竞争力。

三、通过"老字号"产业智造转型，推动辽宁制造业产业结构优化升级

"老字号"产业智能化改造升级能够重构产业发展模式，推动辽宁制造业产业结构优化升级。辽宁"老字号"产业借力智能技术，促进自身研发、生产、销售和业务流程的自动化，促进产品创新和服务升级，有助于间接改

变"老字号"产业竞争格局，培育新产业、新模式、新业态，最终实现"老字号"产业智能化发展。智能化改造升级将引导"老字号"产业链条上下游通过开放生产要素方式建立合作关系，将相关企业的需求有效衔接，建立智造转型的利益共同体，在共同利益目标驱动下，每个企业将会加强与有业务联系企业的协同，优化"老字号"产业资源配置，创造更大的产业效益，使得更多的企业参与到智能化改造中来，加快知识分享与技术创新，提高产品智能化水平、附加价值与盈利能力，优化"老字号"产业的内部结构，快速实现"老字号"产业整体竞争力的提升。

第五节　辽宁"老字号"产业智能化改造升级的对策建议

一、加强顶层设计，分类制定差异化智造政策

"老字号"产业智能化改造升级是一项系统性、综合性、复杂性工程，需要政府、产业、企业等多个部门联手施策、协同发力、统筹考虑、系统推进。要充分发挥政府引导示范作用，建立智造转型发展协同小组，加强"老字号"产业智造转型顶层设计，加快实施智造转型战略规划，由于辽宁"老字号"产业在不同行业具有不同的特点，各行业领域的产业特性要求发展策略必然不同，对不同类型的"老字号"产业行业领域，对其智造转型问题的识别要进行更加细致的研究，按照行业类型来进行分类管理，从政策设计规划实施方面，加强宏观战略规划和微观配套，支持制度机制间的协同，要搭建投融资机构、"老字号"制造企业与互联网企业多主体协同的一体化平台，创新金融服务方式，进行多渠道产业融资，建立多元化股权结构与融资体系，引导省有关部门、行业协会、重点企业协同推进"老字号"产业智能化改造升级，督促落实行动方案确定的目标任务，鼓励重点企业因企制宜加强方案创新，促进"老字号"产业加快智造转型发展。

二、加快新型基础设施建设，夯实智造转型基础能力

要聚焦新型基础设施体系，加快推进物联网、5G、工业互联网、绿色云计算平台、人工智能、边缘计算节点、大数据中心、新型高性能计算平台等数字基础设施建设，着力加强信息网络建设，推进重点产业领域专网建设，优化网络体系布局，形成跨区域一体化发展格局，构筑智造转型发展基础条件，强化数字基础设施技术支撑，增强辽宁"老字号"智能化改造升级的整体水平与综合实力。此外，要积极推进传统基础设施智能化改造升级，创建数据链接平台，促使企业成为数据使用主体，实施数据中心整合改造工程，加快形成智能网联与产业需求协同发展的运行机制，构建辽宁物流枢纽综合信息服务平台，促进物流园区与仓储设施智慧化升级，借助智能化能源互联网平台，构建智能绿色的生态设施体系，深化数字基础设施对"老字号"产业部门的渗透，催生出"老字号"产业企业新的成长模式，提高辽宁"老字号"产业部门运作效率与产能利用率，提升智造转型支撑能力。

三、建立企业数据库，加强"老字号"产业智造转型动态监测

要加快建立能够把辽宁"老字号"产业的企业数据信息纳入统一管理的信息平台，构建一个综合性、分类别、开放性的企业信息数据库，实时掌握辽宁"老字号"产业不同门类企业的生产、经营、投资、技改等信息，及时发布智能化、数字化最新技术成果与国内外智能化改造升级典型案例，结合实际需要邀请相关领域专家对"老字号"产业企业绩效、运营情况、技改进展与潜在风险进行专业分析与业务指导，强化政策引导、资金支持与技术服务，提升"老字号"产业企业智能化发展效能。同时，加快平台基础设施建设与智能技术攻关，深入实施"互联网＋"工程，发挥产业互联网引领作用，引导更多"老字号"产业企业能够充分利用大数据与互联网平台，动态监测"老字号"产业产品设计、技术研发、宣传推介、市场营销与售后服务等环节，不断完善"随时发现问题—随时反馈问题—随时更新措施"的工作机制，使得辽宁"老字号"产业企业能够充分利用数据平

台快速获取所需信息，减少信息分析成本，加速"老字号"产品升级换代。

四、优化"老字号"产业发展环境，构建协同创新生态体系

要加强产业智能化引导，转变产业发展政策性导向，优化"老字号"产业智造转型发展环境与支撑，打造"老字号"产业链上下游协同创新生态体系，统筹发挥"老字号"企业、科研院所与专业技术服务机构的联合作用，通过产业数字化联盟、战略合作伙伴等形式，推进产学研用协同发展，加快构建研发创新网络化机制，构建贯通产业链、价值链、技术链、创新链的发展新格局，促进辽宁"老字号"产业基地向跨产业、跨链条的方向实现智能融合发展。激活各类市场主体，增强自主创新研发能力，打破传统"老字号"产业的制造模式、组织边界与企业形态，强化科技引领创新，摒弃以往简单复制的规模扩张模式，探索构建以柔性、智能、数字为特征的新型制造模式，充分挖掘"老字号"产业数据应用价值，加强数字化共性技术研发、推广与应用，提高"老字号"产业智造投入产出效率，提升"老字号"产品全生命周期的产业创新能力。

五、完善人才引育体系，提升智造转型人力资本水平

辽宁"老字号"产业智造转型的人才缺口问题首先要解决教育模式与产业需求间的不对称，顺应智造转型发展形势，要完善智造人才培育体系，优化升级职业教育体系，增设智造转型相关专业，强化产业人才数字化意识，优化"老字号"产业人才知识结构，按照横向跨界的需求，大力培养兼具系统思维、管理创新、技术应用的跨学科、跨领域复合型人才。要依托辽宁省科技资源，建设数字化创新平台，强化重点研发项目引领示范，推进智造转型能力提升工程，促进产学研深度融合，加快智能化关键核心技术突破，加速"老字号"产业智能化改造升级。加强数字科技人才资金支撑，建立智造转型专项基金，不断加大智造人才培养投入，建立智造人才权益保护机制、技能培训机制、工作交流机制等，强化内外部团队协作，提升人才虹吸能力，提高辽宁"老字号"产业智能化改造升级的人力资本发展水平。

六、不断创新研发模式，增强"老字号"产品创新能力

要大力发展数字化平台，降低企业研发与消费需求之间的信息交流成本，促使辽宁"老字号"产业的企业开展迫切需要的研发项目，不断推进研发设计向大众化、智能化、个性化、社会化方向发展。积极搭建个性设计与智能定制服务平台，通过平台系统运行，快速响应市场消费需求，加快多品种、小批次、高质量产品生产，提升消费者参与感和满意度。借助物联网等数字信息技术，加快辽宁"老字号"企业研发速度，建立消费者需求与研发部门之间能够及时反馈的工作机制，缩短新产品研发周期与生产时间，降低产品市场风险，巩固"老字号"产业的市场地位。与此同时，大力创新"老字号"产业的产学研体系，利用共享工厂、智慧工厂模式，完善"老字号"产业投资模式，将智能科技融入"老字号"企业的产品制造全过程，大力研发适合智能化时代发展与用户需求的新产品、新服务、新模式，强化"老字号"产业自身的品牌效应与品牌增加值，建立产品售后跟踪流程，生产高附加值产品，提升"老字号"产品竞争力，最大限度借助共享经济模式，提高研发资源利用效率，实现"老字号"企业小规模研发生产与柔性化生产，最终提升辽宁"老字号"产业企业产品的创新水平。

七、大力发展智能清洁技术，推动"老字号"产业向智能绿色转型

辽宁"老字号"产业的智能化改造升级要结合"碳达峰"与"碳中和"的要求，改变"老字号"产业的粗放发展模式，将生态保护与资源节约放在智能化改造升级与创新发展的突出位置，推动"老字号"产业向智能绿色方向转型升级。作为东北老工业基地的重头戏，辽宁"老字号"产业发展的重化工、高耗能、低效率特征比较明显，而数字化时代要求生产方式更加绿色与智能。因此，要大力运用现代智能信息技术，引导辽宁"老字号"产业快速进入智能化、数字化发展阶段，结合经济进入高质量发展新阶段与新一轮辽宁老工业基地全面振兴的重大需求，大力发展绿色、环保、低碳和循环产业，加强智能清洁技术发展与"老字号"产业链条智能

化转变，要将工业互联网的核心运营理念与智能绿色的创新理念融入"老字号"产业转型的全生产流程，加快建立资源共享、优势互补、智能协同的绿色创新体系，地方政府要加强政策引导与市场干预，鼓励企业进行有利于环境保护与资源节约的生产设备与技术改造，并且加大资金投入和财政支持，设立智能清洁技术攻关奖励计划，给予"老字号"产业智能绿色转型税收优惠与资金补贴，切实提高"老字号"产业的智能绿色创新能力与核心竞争力。

八、发挥辽宁老工业基地优势，促进智能装备制造业承接转移

辽宁"老字号"产业的智能化改造升级需加强技术合作与智能制造产业承接转移，要积极发挥辽宁老工业基地的优势，摸清装备制造业行业领域的技术需求，包括输变电装备、石化装备、航空装备、汽车制造业、金属制品、机械和设备修理业、专用设备制造业、通用设备制造业、轨道交通装备、船舶与海洋工程装备等领域智能化改造升级的核心技术，大力开展与发达地区的技术交流。要完善政府的服务机制，提升政府的业务水平，优化投资营商环境，通过政府与企业之间的合作交流，促进政府提升自身的行政能力与服务水平，为智能装备制造业承接转移提供良好的环境。紧跟国际国内市场导向，加强智能制造产业配套基础性建设，打造世界级智能装备制造业基地，大力承接先进智造技术、数字技术、工业互联网技术、智能制造关键核心技术及相关产业，鼓励"老字号"产业骨干企业、大型国企、中小企业积极走出去，开展联合攻关与技术学习，加快智能装备制造业核心技术自主化，提高科技成果转化率与技术创新水平，以此满足新时代辽宁"老字号"产业智能化改造升级的发展需求。

第五章 深度开发辽宁"原字号"产业智能化转型升级

第一节 引 言

"原字号"产业包括对于原材料开发和产品深度加工，辽宁省"原字号"产业主要覆盖在石化、冶金和建材三个门类，2019年辽宁"原字号"产业营业收入占全省规上工业比重的52.4%①。辽宁"原字号"产业存在炼油比重高、化工比重低，粗加工程度高、精细深加工程度低，原料产量高、增值品产量低等现实问题。依托智能制造转型升级，正是能够加速破解这些困境的重要路径。此外，"原字号"产业作为辽宁地区的"用电大户"，亟需依托智能制造，激发新动能，突破一批绿色制造关键核心技术，大力发展清洁能源，这不仅能够缓解辽宁地区的用电缺口问题，也有助于提升产能利用率及市场份额。

第二节 辽宁"原字号"产业智造转型的内涵解读

一、"原字号"产业内涵

"原字号"是指与工业原材料相关的产业类型，包括以石化、冶金、煤

---

① 作者根据《辽宁统计年鉴（2020）》自行测算得到。

炭以及重点矿产资源等为原材料进行加工生产的相关企业。这些产业及企业依赖资源能源，表现为在相关的生产品构成中以自然资源为主体；抑或是生产要素构成中自然资源所占比重较大，而且往往依托对自然资源的消耗进行生产加工，突出特征是自然资源对产业发展的贡献大，产业发展对于自然资源的依赖性较强。原字号产业通常具备产量巨大、产业链短、产品销量弱、竞争力不强等发展现实阻碍，因此需要对原字号产业进行深度开发，提升产业链协同能力并发挥产业集群效应，智能制造正是实现这些发展目标的关键路径。

二、辽宁"原字号"产业智造转型的意义

从理论层面来看，智造转型与原字号行业领域不断融合，将带来各关联环节产品服务需求的上升，进而引致对应细分行业规模的扩大，产业链条得到延长；而智能制造产业体系的不断壮大，将对原字号产品深加工和产业发展壮大形成直接支撑。智能制造作为新一代信息技术，可以通过增加要素贡献、提高投入产出效率、加快知识创造等推动原字号各领域各部门发展。智能制造产业的壮大，也意味着高技术产业部门和石化冶金和钢铁等"原字号"领域不断深度融合，明确产业结构优化升级方向。此外，智能制造所赋予的创造性促进技术进步的核心在于提高研发效率。在高度依赖原材料生产发展的领域，研发过程具有"大海捞针"的特点，即能够确定创新存在于已有知识的某种有用组合，但是有用知识范围却广泛复杂，依托智能制造技术的突破性进展，能够大大提高识别效率，找出最有价值的研发及生产组合。

从现实层面来看，辽宁推进"原字号"智造转型，能够有效解决买方市场较强现象，资源需求存在结构性不足以及资源型产品低效益困境。如图 5 - 1，1990 年以来，以原煤、生铁、成品钢材、烧碱为代表的辽宁主要工业产品在全国比重呈逐渐下降趋势，仅有乙烯呈现小幅度上升趋势，体现出辽宁地区"原字号"的主要工业产品原料在全国竞争力逐渐缩小。"原字号"相关行业作为传统的流程工业，面对新能源转型和全球市场大环境等多种因素的冲击，迫切需要通过技术革新大幅提高生产效率、降低生产成本、有效提升竞争力，并为未来及时满足定制化产品需求做好技术支撑。依

托于智能制造转型发展，能够合理推动产业链条向下游延伸，并提升地区工业整体发展质量及效益。

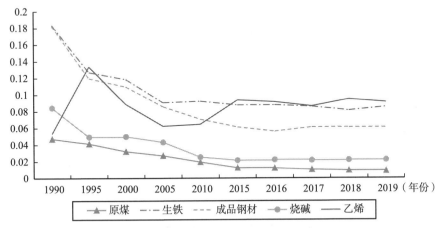

图 5-1 辽宁主要工业产品产量占全国比重

资料来源：2000~2020 年《中国统计年鉴》。

图 5-2 描述了 1999~2019 年辽宁地区原字号产业占比和辽宁在全国工业竞争力的对比，选取原材料工业总产值衡量原字号产业比重，涉及行业包含国民经济行业中的石油加工、炼焦及核燃料加工业、化学原料及化学制品制造业、化学纤维制造业、橡胶和塑料制品业、非金属矿物制品业、黑色金属冶炼及压延加工业、有色金属冶炼及压延加工业，上述行业基本涵盖辽宁"原字号"的冶金、石化以及建材三个重点领域。通过辽宁工业竞争力以地区工业总产值占比可以发现整体上辽宁地区原字号产业占比呈现下降趋势，但是依然保持着接近 50% 的较大比重。"原字号"产业较大的比重，制约着辽宁工业竞争力的提高，从 1999 年到 2019 年，辽宁地区工业的产值占比从 0.05 下降到 0.026。辽宁原字号产业竞争力缩小导致工业整体竞争力不强，这背后的原因在于，原字号产业居于主导地位，导致工业产业间的存量流动微乎其微。这种结构刚性，造成工业产出效率低，流畅的资源配置较难实现。在主导产业中，原材料工业的兴衰对资源有着明显的依赖性。对辽宁而言，破解当前原字号发展瓶颈，只能依赖于精深加工，依托自身优势资源，合理推动产业链条向下游延伸，提高资源精深加工产品的比重。通过工业互

联网、大数据等平台建设，提升企业设备远程运维、工艺改进、运行优化和质量管控能力，从而提升地区工业发展的整体质量及效益。

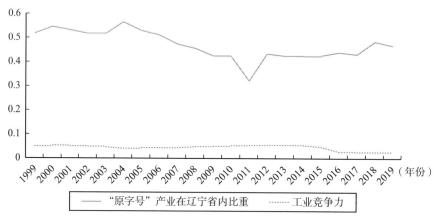

图 5 - 2　辽宁"原字号"产业在省内比重与辽宁工业竞争力

资料来源：2001 ~ 2020 年《中国工业统计年鉴》。

第三节　辽宁"原字号"产业智造转型的现状与趋势

一、辽宁"原字号"产业智造转型的现状

（一）辽宁"原字号"产业智造转型的整体发展现状

由于辽宁工业规模中原字号所占产业比重较大，而且夜光数据又能在一定程度上体现企业的数字化和智能化发展水平，所以选用夜光数据近似描述辽宁地区原字号智能制造发展现状，如表 5 - 1 所示。可以发现，在 2014 ~ 2019 年间，辽宁在全国范围中的区域夜光指数和区域夜光活力指数呈现小幅下降趋势，而辽宁区域夜光发展均值指数在全国的竞争力逐渐提升，这间接说明辽宁地区原字号的数字化和智能化短板问题被逐步解决，但是在全国总体的竞争水平仍有较大提升空间。

表 5 – 1　　　　　　　　2014~2019 年辽宁夜光发展指标全国竞争力

年份	区域夜光发展均值指数 占全国比重 （辐射亮度）	区域夜光指数 占全国比重 （辐射亮度）	区域夜光活力指数 占全国比重 （个）
2014	1. 103769771	0. 038582852	0. 034955467
2015	1. 088324815	0. 036225667	0. 033285696
2016	1. 123424887	0. 036623151	0. 032599566
2017	1. 118768256	0. 033981926	0. 03037446
2018	1. 12207775	0. 033982068	0. 030284876
2019	1. 120761722	0. 033458543	0. 029853335

资料来源：WIND 数据库望眼夜光数据。

（二）冶金行业智造转型现状

目前，辽宁多数冶金企业的计算机系统分为阀门级、设备级、车间级、工厂级。这样的架构设计与计算机和网络性能相适应，有效保证系统的安全可靠性，但存在管理与控制系统分离的现实问题。这就导致管理者能够通过系统看到产量、质量、能耗等数据，但看不到数据的产生过程，也就难以发现问题。同时，受到技术和成本的限制，很多操作没有实现数字化，更没有被记录。管理者和技术人员为了得到完整信息要经常去现场。许多企业希望生产高端产品，但高端产品成本太高且不赚钱。在能源的生产和使用过程中，协同困难也较为突出。企业需要协同的不仅限于生产线，在研发部门与生产部门之间、企业与用户之间都存在协同问题。在与冶金智造转型相配套机构方面，辽宁已经设立冶金生产智能识别与过程控制重点实验室这样的部门、面向冶金产业，瞄准控制与信息科学领域前沿，以实现钢铁冶金产业高质量发展，发挥辽宁矿产资源、冶金产业规模优势以及高校学科优势，为辽宁冶金产业及区域发展提供基础性服务。

辽宁冶金企业智造转型较有成效的有抚顺新钢铁，其主要推进智能工厂、智能生产、智能物流三大主题。在智造转型方面，打造"四化 + 一平台"，即管理数字化、制造智能化、工艺产品绿色化、厂区景观化和产业平台。可借鉴之处体现在三个方面：一是其独立自主打造的数字引擎。先后实现了远程集控、全工序智能燃烧、基于预测模型的实时调度等多项突破。在系统平台搭建的同时，管理机制也做到同步匹配。二是集中调度和集中控制。目前，抚顺新钢顺利完成智造中心远程控制切换。集中控制中心已经实现全公司生产指挥、工序控制、技术管理等任务的集成与融合。三是依托智造中心建设，植入行业智能化先进技术。应用系统建设方面开发了冶金全流程生产大数据系统，涵盖了生产、炼钢、轧钢、设备、销售等领域。

鞍钢集团在智能制造转型方面也取得了显著进展。鞍钢集团通过工程研究设计，逐渐形成从焦化、炼钢、轧钢、工业炉、金属制品、环保等工艺生产线的专业配套设计以及自动化系统的集成、软件开发、现场调试以及开车运营的能力。在此基础上形成全流程的智能转型模式，围绕自动化控制、数学模型、专家系统，以及自动化系统集成、自动化整体解决方案等环节，并突破了业内的一些技术专利。

（三）石化行业制造转型现状

目前辽宁省在利用智造转型增强制造过程感知、处理、决策、执行能力方面仍处于起步发展阶段。特别是智能炼化的优化技术并没有充分考虑石化工业的特点。原料、能源和物流方面成本依然较高，新产品上市时间仍然较长。

在辽宁石化行业的智造转型进程中，辽阳石化的做法比较有代表性，该企业主要围绕两个路径开展智造转型。一方面，加强信息技术与业务的深度融合，实施数字化转型专项行动。对全部转动设备多角度全覆盖监测，并运用大数据、云计算技术，在生产平稳运行、安全运行等方面深度挖掘数字价值，以信息化手段打破信息"孤岛"，实现数字化转型、智能化发展，促进管理升级。另一方面，以业务需求为导向，集中打造"生产管控、设备管理、安全环保管控"三大业务平台，整合完善工艺、中控质量分析报警信息平台，实现生产与经营、销售、计划"三个协同"。自智造转型升级工作开展以来，企业数据自动采集率大幅提升，日均报警次数同比明显下降，企业经营管理水平也得到提升。

二、辽宁"原字号"产业智造转型的趋势

(一)辽宁"原字号"产业智造转型的整体趋势

表 5 - 2 描述了 2021 年第一季度辽宁与全国平均水平的两化融合主要指标，可以发现辽宁的两化融合水平与全国平均水平基本一致，甚至在关键工序的数控化程度方面，领先全国平均水平。同时，辽宁的生产设备数字化率和智能制造就绪率还比较低，工业云平台的支撑力度也未能全部显现。数字化工具的研发力度有待提高，且地区企业的服务转型意识亟须提升。

表 5 - 2　　2021 年第一季度辽宁与全国平均水平的两化融合主要指标　　单位:%

指标	全国平均水平	辽宁
两化融合水平	56	53.5
生产设备数字化率	50.3	44.4
关键工序数控化率	52.7	53
智能制造就绪率	10.3	6
工业云平台应用率	48.8	33.1
数字化研发设计工具普及率	73.3	68.3
开展服务型制造的企业比例	28.2	16.5

资料来源:两化融合公共服务平台，news. cspiii. com。

同时，辽宁地区"原字号"企业中国企和央企主要集中在原料开采、粗加工等生产线产业链条上的深加工配套主要以民营中小型企业为主，龙头企业引领效应缺失。针对智能制造生产设备、生产工艺、运营管理改造的逐渐升级进程中，企业在管理机制、技术改造、资金支持、人力储备方面都缺少智能化持续探索的基础积累，持续改进迭代能力薄弱。

近些年，辽宁省的一些工程服务平台在推进"原字号"产业智造转型过程中，取得不错的效果。例如，针对目前菱镁产业附加值不高、产品市场

份额有限的问题，辽宁省新材料工程中心建设菱镁产业综合服务平台，打造菱镁产业数据中枢，通过大数据优化矿石供给，确保菱镁产业供应链安全稳定，夯实菱镁产业资源和产业数字化基础。目前，辽宁省本级平台基本建成，部分地区分平台已试运行。通过召开国际博览会，发挥交流平台作用，推广智能制造、智能工厂等先进技术和经验，促进菱镁产业结构调整和转型升级。在践行节能降碳、推动绿色发展方面，辽宁省新材料工程中心大力推广新型技术装备，研发菱镁产业绿色低碳发展及智能化、数字化等方面的新技术及新产品，助力产业结构调整和技术进步。

（二）冶金行业智造转型发展趋势

冶金是辽宁支柱产业，其中钢铁行业在全国具有重要地位。2019年，辽宁省冶金工业实现增加值占规模以上工业增加值的比重为16.3%，是拉动全省工业经济增长的主要动能；同年实现粗钢产量7 361.9万吨，位居全国第三位。[①] 但辽宁省冶金工业也存在着产能过剩、产业结构不合理、绿色发展水平不高等问题，因而在培育壮大发展新动能，实现辽宁全面振兴、全方位振兴的大背景下，数字化、智能化技术的应用，为冶金行业企业在技术、产品、环保、能源效率等方面实现更多的改善，更能满足客户日益变化的个性化需求，助力行业发展壮大。

（三）石化行业智造转型发展趋势

石化行业属于资本高密集性行业，产业集中度较高，具有推广智能制造的天然优势。为了促进石化行业智造转型，辽宁省在《辽宁省石化产业供给侧结构性改革方案》中提出，推动企业云平台发展，利用5G、工业互联网、人工智能、区块链等技术赋能炼厂减"油"增"化"。辽宁也注重石化行业领域的人才培养。例如，辽宁石油化工大学于2020年增设智能制造工程等学科专业，优化专业结构与布局，主动对接石油化工智能制造发展需求。此外，辽宁石化企业也在依托于智造转型提升绿色效率。例如，大连石油与大连研究院共同发现油库油罐顶部应用智能隔热油漆，可以有效减少油罐气体排放和油品损耗，实现降耗管理。综上，辽宁的石化行业的智

---

① 作者根据《辽宁统计年鉴（2020）》自行测算得到。

造转型进行了诸多探索。石油化工的流程型智能制造工厂具有较强可复制性，一旦建立成熟的智能工厂范本，便可实现全省范围内的推广复制。未来，随着各石化智能工厂范本的复制推广，辽宁石化行业智造转型进程势必加速进行。

第四节 辽宁"原字号"产业智造转型的实证分析

本章节使用 2005～2019 年辽宁地区的时间序列数据进行实证分析，具体变量包括"原字号"产业竞争力（IC）、工业智能化水平（II）、信息化程度（EC），所涉及数据来自《中国工业统计年鉴》《辽宁省统计年鉴》以及 IFR 国际机器人联合会数据库。其中，"原字号"产业竞争力（IC）选取原材料工业总产值进行衡量。工业智能化水平（II）以工业机器人相关指标衡量工业智能化。信息化程度以地区通信设备计算机及其他电子设备制造业的总产值近似代理。选取同时包含时间序列的变动趋势和截距项情形进行 ADF 检验，结果显示模型不存在伪回归，进而在考虑样本量限制基础上，选择基于向量自回归模型（VAR）的 Johansen 协整检验方法。在进行协整检验之前需对 VAR 模型进行估计，检验结果中 AIC 和 SC 准则显示二阶为最优滞后期，AR 特征根的图表显示 VAR（2）模型稳定。鉴于 VAR 模型中包含三个变量，因此选取 Johansen 检验法进行协整关系检验。检验结果表明，协整方程的残差在 5% 显著水平下为平稳序列，进而说明了 LNIC、LNII 和 LNEC 之间存在着稳定的协整关系以及长期稳定的均衡关系。VAR（2）模型的特征根图全部位于单位圆内，具备稳定性，可以对其进行脉冲响应分析和方差分解。脉冲响应描述一个内生变量对误差冲击的反应，即在随机误差项上施加一个标准差大小的冲击后对内生变量当期的值和未来值所带来的影响。根据脉冲响应分析的原理，得到脉冲响应图（见图 5–3），其中，横轴表示滞后阶数，纵轴表示变量变化率；实线代表脉冲响应函数，表示受到其他变量随机误差项一个标准差的冲击后，该变量现在和未来的反应程度和持续时间；两侧虚线表示正负 2 倍标准差偏离带。从图 5–3 可知，给 LNII 一个冲击之后，并不会马上对 LNIC 产生正向冲击，而是存在明显的时滞效应，在第 3 年开始，其作用会逐渐显现为正。在此之后，对 LNIC 的正向影响又会逐渐减弱至 0 附近。当给 LNEC 一个冲击后，其当期会对 LNIC 产生正向影响，并能够达到最大值，随后则又持续递减，在第 5 年同时达到 0，并开始出现负值。在初期，信息软件和计算机服务对于原字号产业转型的正向结构调整作用会显现，但慢慢地随着原字号领域劳动力结构发生变化、企业管理成本提升、产品质量并没有得到改善，智造转型逐渐对原字号产业产生阻碍作用。因此产业结构迫切需要新一轮变革。从第 9 年开始，信息软件和计算机服务与原字号产业的正向融合效应开始显现，此阶段如果增加投入，优化产业规模，提高生产技术水平，则可将负向影响转化成正向影响。

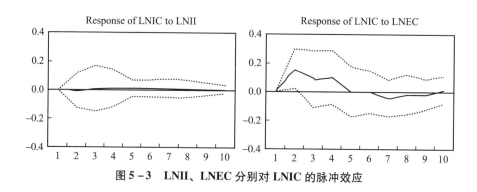

图 5 - 3　LNII、LNEC 分别对 LNIC 的脉冲效应

通过对比 LNII 和 LNEC 的影响程度，可以发现，目前辽宁原字号转型升级过程中，两化融合所占的比重较大，而真正利用先进智造设备和工业互联网等工具进行智造转型的进度十分缓慢。在脉冲响应分析的基础上，进一步借助方差分解来定量分析辽宁智造与"原字号"产业发展相互之间的贡献程度。LNIC 的方差分解结果显示，LNIC 受自身波动影响整体呈现下降趋势，从第 1 期的 100% 逐渐下降到 74% 附近。与 LNEC 相比，LNII 对 LNIC 的影响较为微弱，这与之前 VAR 脉冲分析的结果相一致。整体来看，LNII 和 LNEC 对于 LNIC 的影响均为正向效应，其中 LNII 的增速相对较快。

第五节　辽宁"原字号"产业智造转型的机遇和挑战

一、辽宁"原字号"产业智造转型的机遇

(一) 国内"原字号"智造转型处在探索阶段

从国内"原字号"智能制造发展阶段来看，智能制造系统功能在生产线多定位于初级阶段，部分功能接近或达到中级阶段，也即在生产单元实现智能制造控制，与目前国内智能制造关键核心技术突破相匹配。在企业实施智能制造的过程中，需要根据企业发展特性和目标，基于智能制造技术的发展现状，从顶层设计数字化转型战略，有针对性地提出解决方案和实施计划，同时制定智能制造发展战略，分步实施，精准推进，进而实现企业的智能制造转型升级。对于辽宁地区而言，需要尽快补足"原字号"企业智造转型的短板工程，加快向完整智能制造中级阶段进化。在此基础上，向智能制造高级阶段迈进，努力形成具有自感知、自学习、自决策、自执行、自适应等功能的新型生产方式，实现全产业链的智能化控制，这对于辽宁"原字号"产业转型是一项重大机遇。

(二) 现代产业体系的建设上升到国家战略层面

目前，国内现代产业体系建设方兴未艾，"原字号"作为辽宁传统的工业优势，如何提升产业链供应链现代化水平，融入国内现代产业体系建设工程，是实现辽宁"原字号"产业智造转型的重大发展机遇。积极推进辽宁本土石化、冶金和钢铁产业发展壮大，进一步巩固和扩大清洁能源优势，解决好辽宁"用电荒"难题，深入推进绿色能源战略与先进制造业深度融合，全链条重塑有色产业，引领、带动、支撑本土"原字号"产业在绿色发展、产业规模、精深加工、创新研发四个方面形成国内乃至全球制高点。同时，也要一改以往辽宁许多"原字号"企业与国家政策脱轨，未合理地接轨国家政策的问题。如果企业能够更深入地理解国家政策，应对国家的发展战

略，不仅可以获得地方政府资金的支持，还可以享受某些税收的优惠政策，甚至还可以获得完善产业链的资金和人力支持。此外，融入现代产业体系也需要辽宁"原字号"领域在科技研发、检验检测等方面处在国内靠前地位，让科技成果多数在省外实现转化。提升大型国有企业的抢先意识和创新意愿，提升中小型企业技术研发投入能力和创新能力。

对于辽宁而言，将"原字号"产能向沿海经济带转移是实现原字号产业智造转型的重要方式，有助于辽宁更好地建设现代产业体系。以钢铁行业为例，对于辽宁这样的钢铁大省来说，钢铁产能大部分分布于鞍山和本溪这两座"钢城"，从沿海地区来看，营口具备产能迁入地的条件，营口钢铁产量也接近辽宁的1/4，主要分布在鲅鱼圈附近，例如生产高端宽厚板材和线材的营口中板，以及鞍钢鲅鱼圈分公司等。鞍钢鲅鱼圈项目被视为辽宁省落实钢铁产业发展规划批准建设的首个沿海布局钢铁基地。通过梳理辽宁沿海地区的有关规划发现，推动钢企从内陆向沿海地区搬迁已成为解决环保难题的主要手段之一，辽宁省内一批钢铁沿海基地蓄势崛起。近年来，随着鞍山本溪等钢铁城市退城搬迁和重点城市节能减排政策的推进，许多地方开始要求钢厂搬迁，国家和辽宁省也引导企业向海边等环境容量大的地方转移。沿海钢铁基地占据优势位置，将成为未来辽宁钢材出口的主力军。沿海钢铁基地建设，有助于调整钢铁产业布局，纠正钢铁产业区域布局失衡问题，推动省内钢铁产业转型升级。因此，以钢铁为代表的"原字号"领域智能制造布局规划向沿海地区倾斜，是未来辽宁省实现智造强省的重要发展路径。

（三）工业基础好且工业队伍强大

辽宁地区自新中国成立以来，经过多年发展，已形成雄厚的工业基础和庞大队伍，对于"原字号"产业智造转型是一项重大发展机遇。例如，"一五"时期，被称为"中国社会主义工业化奠基之战"的156个重点工业项目，安排给辽宁的有24项。辽宁为24项重点工程配套730多个项目，其中大中型工业项目98个，占全国的10.6%。经过多年发展，联合国产业分类目录中列举的41个大类、191个中类、525个小类工业行业，九成左右在辽宁均有布局。①

---

① 数据来源：《中华人民共和国大事记（1949年10月~2019年9月）》《辽宁工业经济史》《辽宁志》等相关资料。

同时，辽宁省是中国重要的装备制造业基地，以机器人及智能装备、数控机床、航空航天装备、先进轨道交通装备、海洋工程装备及高技术船舶、重大成套装备、集成电路装备为代表的先进装备制造业在全国具有重要地位。因此，"原字号"的智造转型需要充分发挥辽宁地区的工业基础和优势，调动各方力量形成合力，从而实现对于国内"原字号"智能转型领先地区及企业的加速追赶。利用辽宁当地国有经济比重高、工业重点领域技术力量强等特点，加大对战略装备和重大技术装备制造产业的投资改造力度，在保证国家战略需要的同时，推动装备制造业带动相关"原字号"产业振兴发展。

（四）新型营商环境的构建方兴未艾

在当前"双循环"的大背景之下，新型营商环境的构建，就是要通过完善相关制度，在遵循市场规律的基础上，发挥好政府的服务职能，释放企业主体的活力。推动"原字号"产业智造转型，不仅要依赖本土企业，同时也迫切需要良好营商环境支撑，营商环境是经济发展的软实力，也是辽宁各"原字号"产业提升国际竞争力的关键要素，发挥辽宁本土"原字号"产业基础雄厚、市场潜力广阔的优势，打造世界型"工厂＋市场"的国际分工合作新定位，提高辽宁"原字号"产业的产业链供应链稳定性和竞争力。李克强总理在 2021 年 8 月 23 日的讲话[①]，也为辽宁新型营商环境的构建提出战略思想，注重发挥辽宁沿海经济带的优势。通过"原字号"产业的智能制造转型，一改以往对于辽宁地区营商环境的刻板偏见，助力沿海经济带高质量发展，扩大沿边经贸合作，增强港口集群辐射带动作用，从而更好地服务于辽宁"原字号"产业智造转型。

二、辽宁"原字号"产业智造转型的挑战

（一）产业链协同发展不足

"原字号"企业对自然资源有较高程度的依赖，这将导致整体的产品低

---

① 《李克强主持召开国务院振兴东北地区等老工业基地领导小组会议强调　加快推进改革开放　着力保障和改善民生　推动东北全面振兴不断迈出新步伐　韩正出席》，新华网，2021 年 8 月 24 日。

附加值流入企业，高附加值流出企业外部。辽宁各地区间"原字号"企业发展程度不平衡。部分企业仍能依托当地的自然资源，有进一步发展壮大、及时调整产业结构、延长产业链向高附加值发展的机会。而有的企业却面临自然资源枯竭、企业发展受到限制、只能徘徊于低端产业链，甚至陷入破产清算的困境。

此外，在资金层面上延长产业链、企业优化升级，都需要企业大量的科研资金投入，其中，不仅包括技术改造、人员培训等方面，也包含设备工艺、生产流程重组和变更等过程。由此可见，打造完善的产业链，没有足够的资金支持是难以完成的。而许多"原字号"企业并未着眼于长期发展和长期利益，对打造完善产业链的投入甚低，更多的是将资金投入其他领域，这就导致了企业的短视行为。

（二）产品和装备竞争力有待提高

一方面，辽宁"原字号"企业的产品多数处于价值链中低端，受生产成本、市场需求等因素影响较大，利润空间较小。同时产能过剩、产能利用率低等问题依旧存在，部分企业陷入负债亏损困境。相对于传统产品，企业在新材料领域的研发投入不够，高端金属新材料较少，而且以先进钢铁、高性能铝合金等先进基础材料为主，更高精尖的关键战略材料产品产业化成果较少。

另一方面，相较于国际或国内先进地区，辽宁省内原字号企业整体装备水平相对落后，多数企业中小型装备较多，技术装备水平整体偏低，部分企业冶炼设备为《产业指导目录》规定的限制类，改造成本较高；除部分重点企业，一些企业环保投入不足，能耗能源管理粗放，绿色发展能力严重不足。

（三）地区体制机制存在障碍

目前，辽宁地区与市场完全对接的体制机制尚未形成，行政干预和选择的后果会在经济低迷期充分体现出来，因此辽宁振兴出现反复现象。毫无疑问，体制机制的障碍制约着辽宁"原字号"产业智造转型进程。智造转型是一个流程再造过程，它降低领导层的决策作用。企业领导者和政府管理者将数据透明化，原本依靠信息不对称而进行的管理将受到巨大挑战。所以，工业智能化、工业化与信息化融合还面临许多体制上的障碍，这些障碍还需要在磨合当中逐渐解决。

（四）工业文化路径依赖

辽宁地区群众创业意识淡薄，创业活力激发不出来，间接影响私营企业和民营经济的快速发展，进而导致"原字号"产业智造转型进程缓慢，无法适应新型信息技术与制造业深度融合的时代需求。而且，相对落后的文化观念，会导致新的思想观念难以树立。受地域文化长期路径依赖的影响，任何创新的观念和行动都不可避免地遭到冷落，在智造转型方面也是如此，一时间也很难被大众接受。在创业创新作为时代主题的新时期，如果不尽快转变和提升地域文化观念，确立适应与智能制造转型和高质量发展相适应的工业文化精神，就将再度失去发展机遇。

第六节 辽宁"原字号"产业智造转型的路径选择

一、延长产业链，向资源精细深加工转型

石化冶金、钢铁建材等资源型产业是辽宁工业经济发展的有力支撑，是几十年来依据资源赋存和全国生产力垂直分工的需要形成的产业体系。虽然在与发达地区的经济交换中处于劣势，但这些资源仍然是辽宁优势发展资源型工业。因此，在"原字号"的智造转型关键在于重视整合优势，提高资源的综合开发利用水平，夯实壮大原有的经济发展支点。以石化行业为例，规划建设智能管线系统，覆盖全省石化长输管线，实现数字化、网络化的管理，对于管线的每个隐患，每个数据包括它的周边情况，管线的运行情况做到实时动态的监控管理，从而在根本上改善管线的安全管理水平。走资源"精细深"加工的路子是辽宁整合优势，提高资源综合经济效益的唯一途径和必然选择。要充分利用智能化技术改善辽宁省能源优势，重点做好"煤—焦—化工—精细化工""煤—焦—铁—钢—钢材""煤—焦—铁—铸件—精密件"等产业链的延伸和产业间的联动工作，从

而整合放大原有的资源优势。

走资源深加工路，也需要促成产业高效联动。可解决煤焦铁资源被大量浪费、得不到有效开发利用并污染环境的问题。通过智能化技术改造，重点扶持煤焦油加工与焦炉煤气的有效利用，延伸产品链的同时也可提高煤炭资源的附加值和利用效率。通过产业间联动，可大幅度降低生产成本，增强产品市场竞争力，形成规模经济优势。利用智造技术，确立新兴的"原字号"主导产业群。对传统产业进行延伸加工的同时确立适应知识经济要求的新兴主导产业群。辽宁在新兴主导产业群的构建上，要体现把发展知识密集型产业和劳动密集型产业与资源深加工型产业结合起来，努力提升能源工业的技术含量，积极实现由粗放型向集约型转变；由初加工向精细加工、精包装方向转变。

二、优化资源使用结构，促进产业绿色化转型

在碳达峰碳中和的国家目标要求下，辽宁"原字号"产业亟须作为重点深入推进绿色制造体系建设，实现产业全流程、全方位绿色、低碳发展。一方面，依托智造转型，着力推进工艺结构调整。引导企业构建绿色生产工艺体系，鼓励有条件的企业逐步有序的发展短流程冶炼，提高能源资源利用效率和绿色化水平。另一方面，积极鼓励企业实施"绿色工厂"建设。重视数字化智能化研发和应用绿色、可循环、低能耗的制造流程技术，积极实施工艺装备升级改造，切实降低冶炼、轧制过程中排放与能耗，打造一流水平的绿色示范工厂。同时，辽宁政府也要给予政策保障。相关部门在产能置换、环保、土地、财政等给予绿色发展政策倾斜，逐步完善废钢资源、电力供应等保障支撑，推动高质量循环经济。

此外，对于辽宁目前的工业用电紧张问题，需要积极加大煤电结构调整力度，加快淘汰高污染高耗能煤电机组。发挥现有装机效益，淘汰改造落后机组，积极促进燃煤机组转型升级，实施超低排放改造。优化新增电源布局，对已经纳入国家规划，但"十三五"期间开工难度大的煤电项目，重新进行优化布局。同时，积极应用清洁高效燃煤技术，发展清洁高效煤电，推动电力外送通道建设。

三、形成先进产业集群，向产业链供应链现代化转型

通过智能制造转型，推动辽宁地区石化、冶金等产业向精细化工、化工新材料等方向延伸，加快辽宁省的石化和冶金等产业基地建设，重点建设产业链条完整、集聚度高、拥有关键核心技术和国际竞争力的世界级"原字号"产业集群。实施产业基础再造工程，狠抓建链、补链、延链、强链，推动全产业链优化升级。立足各地区的"原字号"产业规模优势、配套优势和部分领域先发优势，分行业做好供应链设计，锻造产业链供应链长板，补齐产业链供应链短板，打造新兴产业链。优化区域产业链布局，加快推动产业链供应链多元化，形成具有更强创新力、更高附加值、更安全可靠的产业链供应链。

此外，也要加快建成初步的工业互联网基础设施和相关产业体系，大力培育国家级和省级工业互联网平台以及"双跨"平台，围绕产业园区建设"5G＋工业互联网"智能示范工厂和产业集群。同时，依托平台使用经验形成更优的工业互联网服务平台。加快形成以沈阳、大连为中心的智慧城市推广经验，凭借高效率的数据中心建设，运用数字技术提升公共管理、公共服务效能，提升"原字号"领域智能化水平。

建设先进产业集群，推动石化产业智造转型。重点依托长兴岛石化产业基地，通过延伸烯烃发展高密度聚乙烯、聚丙烯等高附加值产品，在合成橡胶、合成纤维等方面带动下游应用产业发展；同时，依托大连和盘锦产业基础，以芳烃资源为源头延伸发展差别化聚酯纤维等产品，带动纺织面料产业发展；重点优化提升大连、盘锦精细化工产业集群，支持锦州、葫芦岛、营口等发展精细化工产业。发展高性能合成纤维、特种橡胶等化工新材料，以及新型催化剂等绿色高端专用化学品。推动形成以企业为主体、市场为导向、产学研用深度融合的技术创新体系。加快推进精细化工与催化研究中心、智能制造研究中心建设。重点突破精细化工、洁净能源、海洋新能源等领域关键核心技术，加快形成若干国际国内领先技术和创新产品，培育发展先进材料、新一代人工智能等产业，从而助力石化产业智造转型升级。

四、依托数字化技术，向智能炼厂转型

目前辽宁诸多"原字号"产业仍以大型国有企业为主体，地方分公司建设以炼厂为主，普遍不具备对于产业链上游研发和下游销售的决策能力。而且，辽宁省"原字号"产业基本实现数字化炼厂，朝着智能炼化方向转型需要做好以下四个方面工作。一是加强对智能炼厂的顶层设计。推动传统产业数字化、网络化、智能化建设，运用新技术、新管理、新模式，加快炼化装置智慧化改造，全面提高产品技术、工艺装备、能效标准。瞄准世界石化、钢铁工厂的智能科技前沿，聚焦大数据、云计算、人工智能、集成电路、高端软件、物联网等领域，加速知识、技术向现实生产力转化。二是建立数据管理规范，保证数据一致性和准确性。建立专门的数据管理部门，明确数据管理的原则和构建方法，确立数据管理流程与制度，协调执行中存在的问题，并定期检查落实优化数据管理的技术标准、流程和执行情况。三是处理劳动力和智能化转型关系。员工作用是发挥人的主观能动性，提出改进意见，通过高效与优化实现产品价值最大化。考虑通过培训学习等方式，鼓励被替代的员工向中高端技能水平转型，优化"原字号"产业的整体劳动力结构。四是推动精细化管理制度。加快炼化物联网现场监控、共享服务等项目建设，研究探索智能制造技术产物在危险区域作业、地下管线巡察等方面的应用，推进信息技术与生产经营管理深度融合，有效提升安全水平。

第七节　辽宁"原字号"产业智造转型的对策建议

一、形成"以点带面、创新实践、精准突破"的辽宁"原字号"智造转型政策体系

一是支持"原字号"各领域的优势企业搭建工业互联平台，发挥其引领作用，带动产业链上的其他企业提升智能制造水平，促进信息技术与原字号工业融通发展。针对辽宁地区"原字号"国企比重规模较大的问题，需

要加快推进辽宁地区"原字号"国企央企资产证券化，盘活存量资产。积极稳妥发展混合所有制经济，推进央企与地方企业和民间资本融合。深化智造转型的成果收益分配改革，健全创新激励政策，激发企业科技人员创新活力。二是推动企业积极开展智能制造产业化实践创新，在智能生产、智能管理等领域进行探索，逐步构建节约高效的智能生产体系，借助智能化提高全产业链效率。通过举办辽宁"原字号"企业家论坛、读书会、专题培训和组织国内外考察等方式，帮助企业负责人提升素质能力，掌握行业智造转型的发展新理念、新技术、新业态、新模式，增强智能制造的营销、专业化、合作分工、借助资本市场发展等市场经济意识。三是鼓励省内"原字号"企业探索个性化定制、网络化协同制造等新模式，构建与提升柔性化组织能力和柔性价值网络，实现企业向服务型制造转型升级。在这一过程中，专家人才将发挥决定性作用。鼓励智能制造领域专家人才投入"原字号"领域，对入选辽宁省科技英才支持计划的"原字号"企业人员，省级财政应给予资助。加快智能制造领域的高技能人才培训基地建设，推动行业、企业加快高技能人才培养，支持高等职业院校技术技能人才培育，健全技术技能人才评价体系。支持技能人才队伍建设。积极在"原字号"企业选拔智能制造领域的首席技师。

二、提升政府资金对"原字号"智造转型的扶持力度

首先，支持"原字号"企业设立智能制造技术创新载体，加大智造技术研发和引进的投入力度，推动企业真正成为智能制造的技术创新和成果产业化主体，培育创新型领军企业。支持"原字号"企业加快设立各类技术创新载体，对认定的国家级工程研究中心、重点实验室、国家地方联合工程研究中心等给予资金支持。支持"原字号"企业承担国家重大科技项目和国家智能制造、工业强基等专项工作，按获得国家财政资金支持额度的标准补贴。对智能制造科技成果产业化、生产经济效益较好的"原字号"科技型企业，按照上一年研发投入份额给予相应的研发投入后补助，资金由省、市联合出资。

其次，有关部门需对列入智能制造转型试点的"原字号"企业给予资金支持。对符合《智能制造技术改造投资指导目录》且设备投资在一定数

额以上，建成并全部投产的"原字号"企业技术改造项目补助的支持方式。对认定的"原字号"企业智能车间，给予一定奖励。对通过智能制造实现年新实现节能量一定吨数标准煤以上的耗能"原字号"企业，省级财政应给予奖励。对年内投产的省重点智能制造工业产业项目，按照投产当年固定资产投资贷款额度，给予企业补助奖励。

再次，降低企业税费负担、制度性交易成本、企业用工成本、用能用地成本、物流成本等措施落到实处。尽快调整土地使用税土地等级范围和分税额标准。对于智能制造转型过程中的电力需求，辽宁地区应该加快推进输配电价改革，推动电力市场化交易，完善峰谷分时电价政策。指导企业科学合理选择变更周期等基本电价计费方式，降低综合用电成本。落实国家关于电力直接交易方面的政策，向智能制造方向倾斜，优先支持符合条件的"原字号"企业参与电力直接交易。

最后，支持"原字号"企业开拓市场，鼓励"原字号"企业参加国内外各类大型展会活动，参会所需费用由省级财政以直接或间接形式给予支持和补贴。大力投入传统装备制造业生产设备的智能化改造，重塑具有竞争力的省级自主品牌，着力构建智能制造新体系，积极启动工业品品牌形象标识，打造"辽宁智造"国家级以及世界级公共品牌建设。依靠龙头企业，构筑以产业链为单元的"智造强省"新梯队。积极协调推进投资规模大、辐射范围广、带动作用强的重大工程、重点项目建设，逐步提高精准制造、敏捷制造、柔性制造能力，促进全产业链顺畅运转。

三、培育壮大与辽宁"原字号"产业智造转型配套的服务部门

首先，围绕自主联合设立和招商引资合作的方式助力"原字号"产业实现智造转型。一方面，借助本土新松机器人企业的产品设计，由辽宁智能制造技术相关研究机构和高校科研团队合作，快速整合资源形成产品，逐步成为集研发、设计、生产与销售为一体，国内专业从事"原字号"产业智能化转型及其关键转型环节设计的优秀骨干企业。另一方面，由辽宁省产业技术研究院智能制造技术研究所和国际"原字号"领域顶尖企业的智能化转型核心技术团队共同投资，专业从事石化冶炼或者钢铁数控生产，精密激光切割、焊接、熔覆设备的研发、制造、销售及服务，以及配套软硬件设施

研究与开发。

其次，加强辽宁地区"原字号"领域智能制造转型的行政审批制度改革，充分运用"互联网＋"服务平台，全面实施网上审批，提高效率效能。推进实施负面清单准入制度，优化行政流程，提高行政效率和效能。深化资源配置市场化改革。

最后，加快各地区"原字号"智能制造产业园区建设，提高园区承载能力，为项目落地提供载体。探索依据不同工业门类灵活采取弹性出让制度，降低企业初始用地成本。鼓励建设园区企业共建共用共享的区域热电站，降低园区企业用能成本。鼓励各地采取 PPP 模式吸引社会资本参与"原字号"智能制造产业园区建设，在争取国家 PPP 政策支持和省级 PPP 融资支持基金方面给予支持。在用水用电用地、物流等方面，整合形成真正对战略投资者有吸引力的优惠政策方案。引进建设智能制造重大产业项目，对其中符合条件的项目，在申报预算资金时给予一定倾斜。

四、推动大数据与辽宁"原字号"各产业门类深度融合发展

一方面，辽宁省工信厅以"万企融合"为引领，推动"原字号"各产业门类与网络平台深化融合、相互促进、同步提升，依托省内工业云平台和各地区工业互联网二级节点平台，以及智能制造协同共享平台等，链接省内钢铁、石化以及建材等"原字号"产业智能制造解决方案及国内优质强大数据服务商，为企业提供包括研发设计、生产制造、运营管理等业务规模化在内的丰富的智能化应用。为更多的"原字号"企业大数据与工业深度融合提供服务。此外，制定促进保障数据安全保障的相应政策措施，建立健全辽宁"原字号"工业互联网安全感知平台，为"原字号"产业发展网络安全提供保障。

另一方面，以智能制造为主攻方向，推动大数据与各类型"原字号"工业深度融合发展，完善产业链重要环节的数据整体解决方案，补齐"原字号"数据技术产业链应用短板。以提升工业互联网数据应用能力为目标，全面推进"5G＋工业互联网""原字号"示范工厂和示范园区建设，推动企业进入云平台，实现数据因素资源汇聚共享，建立数据资源流通交易体系。同时，探索建立以数据要素链有效联动产业链、创新链、资金链和人才

链的协同制度框架，实现数据要素与传统生产要素的有效衔接，促进建立实体经济、科技创新、现代金融、人力资源协同发展的现代产业体系。

五、以主要城市圈和沿海经济带促进新型城镇化和新基建互动发展

以新型城镇化为支撑体系，让新基建为新型城镇化赋能，以新型城镇化为物理空间上的引领布局，实现新型城镇化和新基建的同步并向发展，同时重视新技术的牵引作用，推动行业转型升级。围绕辽阳、鞍山、本溪、抚顺、朝阳等"原字号"重点城市建设小型都市圈。同时，以辽宁沿海经济带强化区域产业协作，差异化布局石化等优势产业，形成优势互补的产业空间布局。例如，在大连重点发展绿色石化产业，在锦州重点发展精细化工和新材料等产业，在营口和葫芦岛重点发展精细化工产业。新基建具有政府投资属性，新型城镇化容易吸引民间资本参与。有新型城镇化做牵引和体系化支撑，可以通过新型城镇化和新基建项目融合，提升社会投资热情。考虑在重点产业园区的积极试点开展围绕"原字号"智造转型发展新一代信息基础设施、融合基础设施以及创新基础设施服务建设。此外，在工业绿色发展背景下，新型城镇化从城市规划、能源、交通到各类产业发展，都将可持续发展、可再生能源等新基建发展理念始终贯穿。依托绿色融资办法，推动绿色发展主要由政府提供公共产品，向"原字号"企业和研发机构的经济行为转变，鼓励原字号企业突破一批绿色关键核心技术，减少能耗能源浪费，提高生产效率，向绿色智能制造转型。

第六章　培育壮大辽宁"新字号"产业智能化转型升级

　　做好结构调整"三篇大文章"是辽宁迈向高质量发展，加快实现全面、全方位振兴的现实要求。辽宁是新中国重要工业制造基地，工业门类齐全、工业基础雄厚，在国民经济行业的 41 个工业大类中拥有 40 个，207 个工业中类中拥有 197 个①。党的十八大以来，辽宁全面贯彻五大新发展理念，围绕做好结构调整的三篇大文章，即改造升级"老字号"、深度开发"原字号"以及培育壮大"新字号"，切实推进产业结构调整，走经济高质量发展之路。与此同时，智能制造作为基于新一代信息技术与先进制造技术深度融合的先进生产方式，旨在提高制造业核心竞争力、发展质量及经济效益，贯穿于生产、设计、服务、管理等制造活动的各个环节②。因此，辽宁在围绕做好改造升级"老字号"、深度开发"原字号"基础上，应在当前智能制造发展的大背景下，要将培育壮大"新字号"作为辽宁智造强省建设的重点，为人工智能、工业互联网等新技术提供完美的应用场景，力争成为智能制造发展的产业示范区。为此，应紧紧抓住京津冀、长三角、珠三角、粤港澳大湾区等协同发展的重大战略机遇，将新发展理念、智能科技产业，以及智能制造分别作为辽宁经济发展的引领、突破口和主攻方向，立足国家先进制造业研发基地功能定位，推动"新字号"产业高质量发展。

---

① 王金海：《辽宁推进产业结构调整，切实做好三篇大文章》，载《辽宁日报》2021 年 5 月 11 日。
② 尹峰：《智能制造评价指标体系研究》，载《工业经济论坛》2016 年第 6 期。

第一节　辽宁"新字号"产业的内涵及特征

　　"新字号"是指以培育壮大新动能为重点，以创新发展为内生动力，突出强调数字经济和高技术制造业的重要性，是提升产业竞争力和抢占战略制高点的重要力量，是未来新兴产业加快发展的主力军，是辽宁工业振兴的关键增量。"新字号"产业主要集中在新能源、新材料、工业互联网、集成电路、高端装备制造业、绿色低碳制造、服务型制造、生物医药及未来产业等领域（见图6-1）。"新字号"产业代表的是增长潜力大、知识和技术密集度高、低的资源消耗以及良好的经济效益，是调整产业结构和推动经济发展的重要动力，发展"新字号"产业对实现辽宁智造转型、提高经济质量具有不可替代的作用。

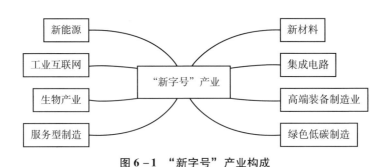

图6-1　"新字号"产业构成

　　通常来说，"新字号"产业的特征可以归结为三点。第一，创新性。经济发展的本质和推动力量就是创新，创新性是"新字号"产业形成的根本原因，"新字号"产业的基础便是新兴产业，其发展依赖创新。"新字号"产业属于创新密集型产业，应凭借产业创新力、持续力、引领力、聚集力来判断其是否能够成为"新字号"产业。第二，不确定性。不确定性是"新字号"产业在形成期的标志性特征。"分化性"和"非连续"的技术演进形成了新兴产业生命周期更替不确定的、非连续的现象。在面对产业战略选择过程中，不得不面临非结构性问题导致的不确定性。另外，新兴产业先驱企业往往规模较小，并不会因为一般市场内规模形成的运营合理化和市场控制而获得规模优势。第三，正外部性。正外部性往往具有产业关联作用，从长期来看，新兴产业是地区经济持续健康增长不可或缺的动力来源，其经济增长效应与其产业带来的正外部性相关。对于"新字号"产业，其正外部性可以分为研发和产业化两个方面，其策略性发展主要表现在六个层面，即代表科技发展前沿、发展空间巨大、关联融合其他产业、具有重大影响、未来高速增长及很大程度上决定国家未来竞争优势等。发展"新字号"产业在推动其他产业发展的同时，还能够增强基础性研发成果产业化的应用，进而提高辽宁产业整体水平。通过图 6－2 可以看出，"新字号"产业是新兴产业在战略性和外部性上面的延伸与发展，创新性、不确定性、新兴技术特性以及资源配置效应特征等贯穿于两者之间①。但是，新兴产业更加关注新技术的发展并强调产业的新兴性，而"新字号"产业以新兴产业发展为基础，着重强调产业发展的战略方向以及外部性问题。

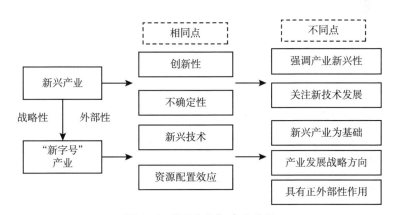

图 6－2　"新字号"产业特征

第二节　辽宁"新字号"产业智造转型的理论机理

考虑到"新字号"产业以创新发展为内生动力，借鉴余永泽等②内生化

① 朱勇、方倩史、乐峰、吕璐：《战略性新兴产业发展研究述评》，载《创新科技》2021 年第7 期。

② 余泳泽、刘大勇：《我国区域创新效率的空间外溢效应与价值链外溢效应——创新价值链视角下的多维空间面板模型研究》，载《管理世界》2013 年第 7 期。

技术创新能力的研究思路，假定"新字号"企业生产主要由人力资本要素（h）、研发资本要素（r）、生产技术投入（p）三种要素共同决定。在此基础上，本书构建"新字号"产业内生化的生产模型为：

$$Q(X, I) = Ae^{\alpha t}X^{\beta}I^{\gamma}(h, r, p) \tag{6.1}$$

这里，进一步建立包含高级和普通两个产业部门的经济增长模型。其中，智能化高附加值产品由高级产业部门生产，其他产品由普通部门生产，其实际产出分别为 Q_h 和 Q_o。

其中，Q 表示产出；A 表示某地区生产条件，α 为外生技术进步；X 表示要素投入，β 为要素弹性；$I(h, r, p)$ 表示经过内生化处理的"新字号"企业研发创新能力，γ 表示智能化创新产出弹性。为了揭示"新字号"和产业智能化升级之间的理论关系，采用"新字号"产业研发创新强度近似衡量"新字号"企业研发创新能力。因此，用 IN 表示"新字号"企业研发创新强度，则"新字号"企业研发创新能力和研发创新强度之间满足 $I = \lambda \times IN$。其中，λ 表示转换为实际"新字号"研发创新能力的转换系数，求解总产出模型为：

$$Q(X, I) = Ae^{\alpha t}X^{\beta}(\lambda \times IN)^{\gamma} \tag{6.2}$$

由于智能化高附加值产品由高级产业部门生产，假设高级产业部门对"新字号"的利用水平明显高于平均水平，普通产业部门则低于平均水平。设定高级产业部门对"新字号"产业的利用高于平均水平的转换系数 λ_h 和产出弹性 γ_h，普通生成部门对其低于平均水平的转换系数 λ_o 和产出弹性 γ_o，且满足 $0 < \lambda_o < \lambda < \lambda_h < 1$，$0 < \gamma_o < \gamma < \gamma_h < 1$。

产业智能化升级的最终目的是提高现有经济产品附加值。这里，用高级产业部门产出占经济总产出的比值来衡量（ind），即：

$$ind = \frac{Q_h}{Q = \dfrac{A_h}{A}e^{\alpha t}\left(\dfrac{X_h}{X}\right)^{\beta}\dfrac{\lambda_h^{\gamma^h}}{\lambda^{\gamma}}(IN)^{\gamma^h - \gamma}} \tag{6.3}$$

设 X_h 代表高级产业部门智能化要素投入，X_o 表示普通产业部门要素投入，对应的要素价格为 v_h 和 v_o，其中，$v_h > v_o$，因为高级产业部门为了在竞争中获取优势愿意支付更高的价格，以达到智能化升级的目的。另外，当要素市场实现长期均衡时，满足 $v_hX_h = v_oX_o$，且 $X = X_h + X_o$，整理式（6.3）为：

$$ind = \frac{Q_h}{Q = \dfrac{A_h}{A}e^{\alpha t}\left(\dfrac{\upsilon_h}{\upsilon_o}+1\right)^{\beta}\dfrac{\lambda_h^{\gamma^h}}{\lambda^{\gamma}}(IN)^{\gamma^h-\gamma}} \tag{6.4}$$

进一步整理式（6.4）为：

$$\frac{\partial ind}{\partial IN} = \frac{A_h}{A}e^{\alpha t}\left(\frac{\upsilon_h}{\upsilon_o}+1\right)^{\beta}\frac{\lambda_h^{\gamma^h}}{\lambda^{\gamma}}(\gamma^h-\gamma)(IN)^{\gamma^h-\gamma-1}>0 \tag{6.5}$$

式（6.5）表示"新字号"产业研发创新强度与产业智能化升级的一般线性关系。因此，可以得出结论为，当地区生产和外生技术进步条件保持不变时，"新字号"企业研发创新能力对产业智能化转型升级具有显著的正向相关关系，意味着"新字号"产业发展水平的提高会显著促进产业智能化升级。

第三节 辽宁"新字号"产业智造转型的现状与趋势

一、辽宁"新字号"产业智造转型的发展现状

（一）以"数字技术"为基础的新产业、新业态、新模式正加速形成

据 2020 年辽宁科技厅公布的《辽宁省创新型主体名单》显示，辽宁已新增 2 029 家雏鹰企业、瞪羚企业和独角兽企业，其中各企业发展各具特色（见表 6 - 1）。此类科技型企业以数字技术为抓手，统筹推进数字辽宁建设，其中，瞪羚企业预计实现工业总产值 264.4 亿元，营业收入 448.1 亿元，利润总额达到 18 亿元，同时，科研人数突破 2 万人，占员工总人数的 26.7%，实用型专利和累计授权的发明专利数量达到 7 114 个①，展现了辽宁"生力军"的强劲动力，实现了"开门红"。此外，在光伏制造产业，锦州阳关能源合作建设的全国首例 5G 的示范应用"5G 智慧工厂"已经开工，大连港、中蓝电子正携手共建 5G 港口和 5G 智慧工厂，华晨宝马制定世界

---

① 资料来源：辽宁省科技厅：《2020 年辽宁省新型创新主体名单》。

领先的 5G 专网 SLA 服务标准，以及协同新松机器人、中国移动联合打造智慧厂区的巡检机器人，同时，沈阳国际软件园、中德产业园的数字化改造也即将建成。国家工信部公示了《2020～2021 年度物联网关键技术与平台创新类、集成创新与融合应用类项目》的名单，共 121 个项目入围，其中 3 家来自辽宁，分别为沈阳新松机器人自动化股份有限公司、辽宁思凯科技有限公司、沈阳风驰软件股份有限公司。

表 6 – 1　　　　　　　　辽宁省"新字号"重点企业名单

序号	企业名称	所在市	重点项目
1	大连优迅科技股份有限公司	大连	集成电路、半导体光电器件、电子元件、集成电路模块、网络通信产品的技术开发、制造、加工、销售及技术服务；货物进出口、技术进出口
2	沈阳恩桎研究院有限公司	沈阳	生物技术、食品技术开发、技术转让、技术咨询、技术服务，环境治理服务
3	沈阳新松机器人自动化股份有限公司	沈阳	研制了具有自主知识产权的工业机器人、协作机器人、移动机器人、特种机器人、服务机器人五大系列百余种产品，面向智能工厂、智能装备、智能物流、半导体装备、智能交通，形成十大产业方向，致力于打造数字化物联新模式
4	辽宁思凯科技有限公司	丹东	智能仪表、软件、系统集成、智能机械；货物及技术进出口
5	沈阳风驰软件股份有限公司	沈阳	计算机软件开发，电子产品、通信设备制造
6	沈阳富创精密设备有限公司	沈阳	集成电路（半导体）装备产业 SMIF 产品设备和部件加工
7	锦州阳光能源有限公司	锦州	生产硅材料及其制品、硅太阳能电池、硅太阳能电池产品及应用等
8	辽宁中蓝电子科技有限公司	沈阳	设计出五百万像素、八百万像素、一千三百万、一千六百万像素及 OIS 等先进产品，应用于智能手机、平板电脑、无人机、车载影像、医疗显示等领域
9	大连港集团有限公司	大连	以信息化进程助推"数字口岸"建设，初步形成 IT 产业体系，构筑了大连港集装箱产业信息交换的网络平台
10	华晨汽车集团控股有限公司	沈阳	在业务板块布局上，华晨汽车集团以汽车整车、发动机、核心零部件的研发、设计、制造、销售和汽车售后市场业务为主体，涉及新能源等其他行业

资料来源：根据企业网站整理。

（二）辽宁新经济企业呈现增长态势迅猛

辽宁各地区"新字号"产业发展各具特色（见表 6－2）。具体来看，盘锦高新区中新兴产业代表辽宁中蓝电子科技有限公司，在 2021 年一季度营业收入同比增长 46%，高达 1.8 亿元；沈阳东软睿驰汽车技术有限公司在新能源汽车、智能网联等领域，一季度营业收入达到上年的 7 倍，高达 1.3 亿元[①]；在鞍山，世界首个"5G 工业专网＋智慧炼钢"由鞍钢自主研发，在鞍钢总厂实现工业化应用，为鞍钢企业集团实现数字化转型升级奠定了根基[②]；在化工新材料产业，华锦股份、恒力石化等 10 家优秀企业在辽宁涌现出来，在中国精细化工百强企业榜单中，奥克股份、张明化工、百傲化学成功上榜。辽宁省统计局数据显示，2020 年上半年，辽宁新能源汽车增长 5.5 倍，汽车制造工业增加值同比增长 13.3%，服务器和集成电路增长也高达 7.6 倍[③]，可见辽宁新经济企业增长态势迅猛，为辽宁"新字号"产业智能化发展提供了强大的发展势能。

表 6－2　　　　　　　　　　辽宁省各市"新字号"产业

地区	特色
沈阳	生物医药及医疗装备产业；网络信息安全、5G 基础设施及应用、人工智能、智能终端制造、智能传感等
大连	洁净能源、新材料、智能制造、生命健康、海洋科技、文化创意等
葫芦岛	精细化工、装备制造、军民融合、清洁能源、新型材料、泳装服饰等
鞍山	磁动力产业、集成电路产业、软件服务业等
抚顺	菱镁产业、数字经济、信息技术应用及装备、智能制造、生命健康、新材料和氢能、现代服务业等
本溪	生物医药、新一代信息技术等

①　资料来源：辽宁省科技厅。
②　资料来源：鞍山市人民政府。
③　资料来源：辽宁统计局。

地区	特色
锦州	光伏及新能源、电子及半导体、生物医药、新材料及节能环保等
盘锦	装备制造、石油工程技术服务、电子马达、氮化镓芯片、氢能等
丹东	机器人产业链、现代航空产业链、集成电路产业链、生物医药产业链、先进医疗装备产业链、氢能产业链、北斗产业链、储能产业链等
阜新	智能无人系统、氢能、赛道城等
辽阳	数字经济、新材料和健康养老；化工新材料、铝基复合材料、高性能金属材料等
营口	先进装备制造等高技术产业等
铁岭	农产品精深加工、先进装备制造、新能源和新型原材料产业等
朝阳	钢铁、汽车及零部件、玻纤、石墨烯、玻璃等

资料来源：根据工信部网站整理。

（三）关键核心技术正逐渐实现自主可控

目前，在双循环的新发展格局下，国家倡导形成以国内循环为主、国际国内互促的双循环发展的新格局。科技内循环的核心目标就在于突破硬壳技术、卡脖子工程，实现自主可控。因此，在智能制造的大背景下，中国应更加注重自主研发和创新。回看辽宁，近20年发明专利申请数量同样呈现上升态势（见图6-3），现已拥有1 705家研究机构、100多所高校、6家中国科学院研究所、34个各类国家级科技创新平台、56名两院院士①；金属材料、航空航天发动机、工业自动化等25个学科和专业研究在全国乃至世界举足轻重；高新技术企业突破7 000家，科技型中小企业突破1万家，每万人口发明专利拥有量达10.98件②。可见辽宁将科技创新作为"新字号"产业发展的根基，关键核心技术逐渐实现自主可控，展现了辽宁未来产业发展的良好态势。

---

① 《2020年辽宁省高校资源盘点》，载《中国教育在线》2020年3月23日。
② 资料来源：《中国科技统计年鉴》。

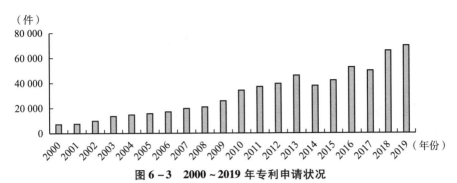

图 6 - 3　2000～2019 年专利申请状况

资料来源:《辽宁统计年鉴》。

(四) 辽宁"新字号"产业发展瓶颈问题凸显

首先,辽宁"新字号"企业存在明显"信息孤岛效应"。所谓的信息孤岛效应,即辽宁在实施智能制造战略进程中,产业链的集群效应难以形成,产业链和产业集群效应整体布局的创新机制不通畅[①]。虽然辽宁在新兴产业如互联网、机器人、生物制药、半导体、新能源等产业培育了一些雏鹰、瞪羚、独角兽、小巨人等企业,但是这些企业由于起步时间短,在当地的产业基础相对薄弱,自身的产业优势不明显,资本力量和市场的影响力相对较小,不利于形成稳定的适应本地区发展的产业集群优势。同时,辽宁省部分新兴产业的产业链还不完整,产业内部缺少必要的核心配套零部件,产业集群的竞争优势不足。例如,新能源汽车虽然发展势头强劲,但在电池、电机、电控等关键零部件的生产尚属空白,从产业链整体看,专业性人才缺失、层次配套设施相对弱以及配套企业少等问题严重制约了企业的快速发展。其次,辽宁"新字号"产业对新兴市场的把握能力较差[②]。从对新兴市场的把控能力来看,尤其在人工智能产业层面,相关应用产业的生态体系尚未成熟,辽宁省内缺乏高技术型顶级企业和平台作为支撑。其中,最大的短板是缺少"从 0 到 1"原创性成果。因此,部分企业不得不向发达地区乃至国外企业寻求合作,以解决必要的满足生产的关键核心零部件的需求,据统

---

① 孟亮、梁莹莹、王宇:《辽宁先进装备制造业智能制造转型升级的路径分析》,载《当代经济》2021 年第 8 期。
② 杨芷、李亚杰:《辽宁高技术产业技术创新财政政策研究》,载《地方财政研究》2021 年第 7 期。

计，辽宁省在人工智能市场上零部件进口比重高达一半以上。同时，辽宁对新兴市场新兴技术的应用多集中在新兴领域，模式主要以点对点形式为主，未能够与其他产业充分融合，导致颠覆性的技术创新规模优势难以形成，产业联盟数量较少，不利于战略性新兴产业乃至新兴市场的发展。最后，在项目投资建设方面，2016 年以来，由于存在信用违约事件（如辉山乳业、华晨集团、营口和丹东港、东北特钢等），辽宁省生态金融环境和营商信用环境有一定程度的恶化，致使全省社会投资融资规模持续下降。通过整理近四年辽宁社会投融资情况（见表 6 - 3）可以发现，相较于 GDP 占全国比重，辽宁社会投融资规模占全国比重下降趋势更为明显。信用风险持续释放，投资营商环境有所恶化，使得社会其他一些投资机构对辽宁望而却步。同样对于政府来说，其投资基金受国有资产保值增值的限制必然要谨慎投资，进一步制约了政府投资基金有效发挥作用。

表 6 - 3   辽宁省社会投资规模增量

年份	社会投资规模增量			GDP			社会投资规模增量/GDP	
	全国（亿元）	辽宁（亿元）	辽宁占比（%）	全国（亿元）	辽宁（亿元）	辽宁占比（%）	全国（%）	辽宁（%）
2016	178 160	4 693	2.63	746 395	22 246	2.98	23.87	21.10
2017	261 537	3 936	1.50	832 035	23 409	2.81	31.43	16.81
2018	224 919	3 796	1.69	919 281	23 510	2.56	24.47	16.15
2019	256 735	2 942	1.15	956 515	24 909	2.60	26.84	11.81
2020	331 442	1 310	0.40	1 015 986	25 114	2.47	32.62	5.22

资料来源：《中国统计年鉴》。

二、辽宁"新字号"产业智造转型的发展趋势

（一）推动"新字号"科技创新产业化

首先，辽宁应结合国家新兴产业发展态势，重点推进新能源汽车、生物

医药、航空、机器人、集成电路、节能环保、新材料七大产业，提升其关键核心技术的自主可控能力，提升自给率，并按照"储备一代、预研一代、生产一代"的原则推动龙头企业有序化生产，有效确保辽宁优势企业发展壮大。其次，辽宁要力争培育一批"专精特新"企业，对于发展潜力大、自主研发创新能力强、市场占有率高、掌控关键核心技术、市场竞争能力强的企业给予在政策、技术、市场、融资、管理等层面的支持，例如对优势企业给予财政支持、税收减免，增加企业投融资规模，减少企业融资难等问题，充分激发企业投入生产的积极性。最后，辽宁政府及相关责任单位要健全创新激励和保障措施，给予企业以充分的政策保障，通过制度创新促进企业技术创新，带动整个"新字号"行业的发展，优化创新生态环境，推动"新字号"提升产业竞争力，抢占战略制高点。

（二）加大力度培育雏鹰、瞪羚、独角兽企业

2021 年，辽宁省科技厅将把培育雏鹰、瞪羚、独角兽企业作为一项重要工作内容①，计划能够增加 500 家左右的雏鹰、瞪羚和独角兽企业。自2021 年初以来，辽宁科技厅始终将培育壮大新动能的主要抓手和着力点放在培育雏鹰、瞪羚、独角兽等这类科技型企业上，力争将辽宁全省的这类科技型企业做强、做优、做大。例如，通过构建梯度体系培育壮大雏鹰、瞪羚、独角兽企业，建立这类科技型企业的技术创新联盟，培育创新主体，鼓励支持开展创新服务、项目对接、担保融资等一系列培育活动，搭建大数据综合服务平台，形成以产业数字化和数字产业化的场景优势，推动助力这类科技型企业发展壮大。与此同时，为集中解决"卡脖子"技术，助攻企业提升自主创新能力，辽宁科技厅及政府应着力构建由高校参与的产学研联盟、由瞪羚企业做"盟主"等科技攻关项目，力争寻求与高校、科研院所等研发机构良好合作，打造辽宁"新字号"产业发展建设梯队。

（三）实现"新字号"项目在沈抚示范区加速布局

近年来，沈抚示范区着力打造数字经济、智能制造、信息技术、新材料和氢能、生命健康、现代服务业六大产业集群，全力做好结构调整"三篇

---

① 辽宁省科技厅：《关于开展 2021 年度辽宁省新型创新主体培育有关工作的通知》。

大文章",奋力打造"数字辽宁、智造强省",针对性地将企业和各类数据资源等应用场景进行融合,为稳增长、促投资、惠民生提供有力支撑。例如,抚顺抚运安仪救生设备有限公司通过人工智能神经网络算法,解决了依靠人眼检测空气艇行驶问题,实现了空气动力艇出场的智能检测,使得人力资本大大降低,为企业带来了经济利益。辽宁阳光天泽有限公司一改过去手动录入的方式,通过文字识别技术实现了单据的自动识别对接,生产效率提高了20%[1]。2020年,沈抚示范区与华为签约战略合作项目,人工智能创新中心由此落户。在一年内,华为人工智能创新中心实现了帮助当地制造业智能化、数字化的改造升级,打造了工业应用新场景,让外界通过沈抚示范区看到了建设"数字辽宁、智造强省"的生动案例。

(四)推动辽宁新兴储能、氢能产业跨越式发展[2]

据统计,未来氢能将成为我国能源战略的重要组成部分,在终端能源体系占比将达到10%。另外,氢能将与电力共同成为我国能源体系的消费主体,协同互补形成10亿元级的新兴产业。[3] 目前,辽宁氢能产业尚处于全产业链及商业模式的初期,还处在探索阶段。但是,总体来看,辽宁乃至全国储能、氢能产业发展趋势良好,具有较大的市场潜力,技术创新水平逐渐提高,国产化率逐渐提升,地方政府及企业积极性较高,新兴储能、氢能产业逐渐成为构建现代化能源系统的重要环节。因此,辽宁应制定适应产业发展的路线图,合理分配资源,引导财政资金合理流入,鼓励"先示范后推广"的发展理念,因地制宜引导储能、氢能行业有序发展,逐渐形成有竞争力的新能源产业体系。

(五)因地制宜推动辽宁各地区项目投资建设

与全国相比,辽宁支柱产业主要集中在装备制造业、农产品、冶金、石

---

① 董翰博:《打造数字辽宁"样板间"——沈抚示范区做好"三篇大文章"推动经济转型升级》,载《辽宁日报》2021年10月22日。

② Abdalla M. Abdalla, Shahzad Hossain, Ozzan B. Nisfindy, et al., Hydrogen Production, Storage, Transportation and Key Challenges with Applications: A review. *Energy Conversion and Management*, 2018, 165 (6): 602 – 627.

③ 徐硕、余碧莹:《中国氢能技术发展现状与未来展望》,载《北京理工大学学报》(社会科学版) 2021年第6期。

化等传统周期性强的产业，使得实体经济对辽宁发展起着决定性作用。根据辽宁商务厅数据显示，辽宁社会融资规模增量占全国比重自 2016 年以来下降态势明显，从 2.63% 下降到 2020 年的 0.4%，使得发达地区或先进省份对辽宁的投资望而却步。受疫情影响，2020 年以来，辽宁各地积极开展招商活动，沈抚示范区以及沈阳和大连等 9 个市成功签约 411 个项目，投资金额高达 4 296 亿元，招商引资实现逆势增长①。因此，未来辽宁各省市发展应结合自身发展状况，强化"新字号"产业项目投资建设。例如，沈阳应重点投资航空、机器人及智能装备、新一代信息技术、生物制药及高性能医疗机械等战略性新兴产业集群等；大连应重点投资人工智能、精细化工、先进装备制造、船舶和海洋工程、集成电路、新材料、节能环保等；鞍山市应重点投资钢铁、装备制造、高新技术、城市融合经济体等，辽宁其他地区项目投资建设重点领域情况见表 6 - 4。

表 6 - 4　　　　　　　　　　　辽宁省产业项目投资状况

地区	投资情况
沈阳	机车及汽车零部件、机械装备、机器人及智能装备、航空、新一代信息技术、生物制药及高性能医疗机械等战略性新兴产业链（集群）及现代服务业产业集群等
大连	人工智能、精细化工、先进装备制造、船舶和海洋工程、清洁能源、生命健康、集成电路、新材料、交通装备、节能环保等
葫芦岛	四大主导产业：装备制造、精细化工、新材料和电子商务。 四大潜力产业：电子信息、生物医药、节能环保、新能源产业
鞍山	钢铁、菱镁、装备制造、高新技术、城市融合经济体等"五业并举"的支柱产业
抚顺	装备制造、新一代信息技术、生物、节能环保、新能源、新材料、新能源汽车、原材料工业等
本溪	钢铁精深加工、生物医药、新能源产业、食（药）用菌培育和精深加工、船舶及海洋工程装备、节能环保产业等
锦州	石油化工及精细化工产业、铁合金和冶金产业、汽车及装备制造产业、光伏及半导体产业、大数据及电子信息产业、生物医药及健康产业、新材料及节能环保产业等产业集群
盘锦	精细化工产业、石油天然气装备、塑料新材料、海洋工程装备等

①　资料来源：辽宁省商务厅。

地区	投资情况
丹东	整车及汽车零部件产业、仪器仪表产业、防护纺织产业、医药及健康产业以及农产品及深加工产业等
阜新	新材料产业、无人机产业、新型能源、煤化工和液压、皮革、板材家具、铸造、氟化工、新型材料等产业
辽阳	芳烃及精细化工、铝合金精深加工、装备制造及汽车零部件等工业产业
营口	先进装备制造业、钢铁深加工产业、新材料产业、精细化工产业、高端制造服务业等产业
铁岭	战略性新兴产业、先进装备制造业、农产品精深加工产业、现代物流等
朝阳	环保制造及汽车零部件、非金属新材料、朝阳县新能源、有色金属新材料、半导体新材料、龙城先进装备制造、高性能新材料、朝阳经济技术开发区医疗器械、苷酸装备制造等

资料来源：中商产业研究院。

第四节　辽宁"新字号"产业智造转型的机遇和挑战

第一，新兴技术的飞速发展为"新字号"产业智造转型注入新活力。作为以智能制造为核心的智能经济逐渐向辽宁延伸发展，将为辽宁"新字号"产业发展增添新动能，注入新活力。伴随工业互联网、人工智能、3D打印、5G技术等新兴技术逐渐融入智能制造，许多长期未解决的问题都得到了快速突破。例如，通过整合产学研能优势资源，逐渐突破技术、地域等限制，形成以阿里巴巴、腾讯为代表的互联网企业，他们将产业链的上下游连接起来，形成了国际化的创新资源配置、高效化的协同运行机制以及快速化的市场需求响应体系，对传统产业的产业链和业务链进行了重构，通过连接企业内部的数据，为辽宁智能制造的共享互联模式注入了新的活力[1]。另外，人工智能的普及将会触发链式效应，最终形成以智能制造为核心的智能经济将会促成大规模的产业结构的优化升级，比如形成智能公共服务、智能

---

[1] 惠宁、白思：《打造数字经济新优势：互联网驱动区域创新能力提升》，载《西北大学学报》（哲学社会科学版）2021 年第 6 期。

交通等智能化城市建设，构建完整的智能经济体系。

第二，数字化转型升级为"新字号"产业智造转型提供新动力①。党的十九大报告明确提出构建数字中国，强调我国要高度重视数字经济的发展，全面实施大数据战略，建设网络强国、数字中国，助力实现中国经济由高速增长向高质量发展迈进。开启"十四五"建设新征程，辽宁作为以重型装备制造业为基础的产业基地，要形成以"老字号""原字号"等支柱型产业为载体，配套形成完善的智能化基础设施，聚焦智慧城市、智慧园区、产业智能化转型升级等诸多领域的数字化转型升级，形成以数字化、智能化、绿色化为核心的发展模式，逐渐摒弃传统的拼资源、拼速度、高投入、低产出、低效率的发展模式，追求高技术制造业和服务业以及战略性新兴产业等"新字号"产业的智造创新发展，以此为辽宁智能制造相关企业创造市场机遇，为相关智能化产业的发展壮大提供源源不断的创新动力，为辽宁打造智造强省提供必要的发展机遇。

第三，突破"新字号"产业智造转型瓶颈尚需面临诸多挑战。智能制造已然成为辽宁全面振兴的重要载体，作为一种新兴技术推动着辽宁传统产业生产方式发生系统性、颠覆性变革。在其高速发展的背后，仍然面临诸多问题和挑战。

一是可能存在制造业竞争格局重构风险。辽宁制造业将面临"双元挤压"②，当中低收入国家在中低端市场的争夺和发达国家得到高端制造同步发生时，辽宁制造业的发展将会面临国际层面的"双向挤压"；同时，当国内西部地区或者欠发达地区在引进低端制造业方面争夺和京津冀等国内发达地区在高端装备制造业展开竞争同步发生时，辽宁制造业的发展将会面临国内层面的"双向挤压"。

二是可能面临被"边缘化"的风险③。由于辽宁制造业是以装备型和资源型为主的传统制造业比重较大。从国内层面来看，同中西部和发达地区相比，辽宁由于受固有的体制机制限制等，往往在竞争中处于相对劣势地位，

①　东方雨：《辽宁制造业"数字化"转型摁下"强音键"》，载《中国石油和化工》2021年第5期。

②　李连刚、张平宇、王成新等：《区域经济韧性视角下老工业基地经济转型过程——以辽宁省为例》，载《地理科学》2021年第10期。

③　关伟、满谦宁、许淑婷：《辽宁省制造业及其关联行业集聚格局与效应分析》，载《地理研究》2019年第8期。

尤其在政策竞争中。同时，面临的制造业竞争格局重构风险可能会进一步加剧辽宁在全球产业价值链和产业结构调整中的不利地位，降低在国际国内制造业分工体系中辽宁的地位和作用，最终面临被"边缘化"的风险。

三是就业结构再平衡风险加剧。人工智能等技术的逐渐成熟，将给企业带来巨大利润，对辽宁现有的就业结构会造成一定的冲击。一方面，从事简单或一般技能的密集型劳动就业者，会逐渐被机器人或智能生产设备所替代；另一方面，对于高技能劳动力来说其工资会普遍提高到高于社会平均水平，从而加剧就业矛盾，出现贫富差距逐渐扩大的情形①，进而有更大的经济社会风险。

四是智能产业尚存崩塌风险。由于支撑高端智能装备发展的关键核心技术等仍掌控在美国、日本、德国等工业强国手中，智能化嵌入式软件、智能控制技术等对外依存度高，当此类核心技术一旦被断供，那么相关"新字号"智能化转型发展必然面临发展崩塌的极大风险。

第五节　辽宁"新字号"产业智造转型的战略路径

第一，构建智能制造工业互联网生态圈和标准化体系。"新字号"产业实现智造转型的真正载体在于构建工业互联网生态圈，整个生态圈的关键节点体现在六个层面，即互联网平台企业、产业链龙头企业、数字技术生产线、智能制造的服务升级管理机制、设备的维护和生产、软件开发和应用等（见表6-5）。另外，"新字号"产业智能制造的技术迭代通常表现为数字化的进程，包括数字生产线（生产设备的数字化）、数字企业（智能化的企业运营模式）、数字工厂（智能化的制造系统）、数字企业之间的生产价值链互联（数字供应链模式）、智能制造服务的全球价值链互联（智能制造生态圈模式）等。辽宁政府应该推动"新字号"产业根据自身所处的技术阶段，最终融合到智能制造工业互联网生态圈中，通过资源要素等有序流动最终产生"1+1>2"的效果。

---

① 石琳：《产业结构高度化下的东北资源型城市转型》，载《税务与经济》2019年第5期。

表 6 - 5　　　　　　　　　　　智能制造标准化体系

供应商	环境	生产企业			消费者
智能供应网络	控制环境	生产管理系统			个性化的产品定制
		云计算	数据分析	信息网络安全	
	生产环境	智能传感器	网络信息系统	预测性维护	
		移动办公	自动驾驶汽车	人工智能	
		增材制造	机器人	先进材料	

资料来源：作者整理。

　　第二，"新字号"企业要依据智能制造的技术层级个性化迭代同步推进[①]。培育壮大"新字号"，要以产业链整体布局，重点围绕新能源汽车、人工智能、集成电路、新材料等新型产业，形成产业新的经济增长点。对于"新字号"产业链的引育，要充分借助辽宁省各类型产业园区，依托国家级产业平台，从技术、生产、物流、金融、市场、产业等数字生态圈出台有利于"新字号"产业智能化转型升级的"一揽子"配套措施。同时，在打造"新字号"数字化、智能化生态园区建设进程中，要注意打造实现数字化的重点企业、重大项目、产业园区、产业研究院所、产业链等的建设，打造标志性的企业生产梯队。同时，技术发展路径可分为模仿、由模仿向创新的渐进式过渡、创新三个阶段，辽宁目前正处于由模仿到创新的渐进式过渡阶段，此时加强技术创新的研发将会显著推动辽宁经济增长。

　　第三，重点推进新能源汽车、航空、生物医药、机器人、新材料五大产业[②]。一是在新能源汽车方面，建设公共服务平台，开发建设安全预警系统监测充换电设施，加快建设辽宁各市"车桩网"一体化，实现全方位、全过程、全时段对新能源汽车及充电装置的动态监测；二是在航空产业方面，在原材料仓储物流、检测系统、热表处理、交付委托中心等领域建设打造一批专业的共享航空服务平台，在满足本地区配套服务需求的同时，能够向国内乃至世界各地提供服务和技术化的支持；三是在生物医药方面，建设服务

[①]　罗序斌：《传统制造业智能化转型升级的实践模式及其理论构建》，载《现代经济探讨》2021 年第 11 期。

[②]　沈阳市工信局：《沈阳市改造升级"老字号"、深度开发"原字号"、培育壮大"新字号"专项行动计划（2021~2023 年）》。

于生物医药产业相关的研发设计、产业链延伸制造、市场资源开拓等公共服务平台网络；四是在机器人方面，构建机器人控制项目平台和工业机器人软件，争取建设成为完整、多功能、领域广的机器人控制平台①；五是在新材料方面，积极搭建新材料共性平台，结合本地企业和高校等科研院所在辽宁建设新材料测试服务平台，并带动生物医药等装备企业参与建设高端医疗装备材料、医疗器械材料等示范应用平台。

第四，做实以高等院校为依托的平台优势。围绕做好培育壮大辽宁"新字号"产业，攻破"卡脖子"关键核心技术，需要以高校、科研院所等为依托，充分借助高等院校的平台优势，让有能力的领军人才为引领，有效提高辽宁科研攻关效率、解决关键核心技术问题、扩展资源协同范围、支撑引领辽宁"新字号"产业高质量发展。为激发高校科技创新活力，2021 年辽宁省教育厅公布首批辽宁省高等学校"揭榜挂帅"中榜项目，其中，东北大学、大连理工大学、沈阳化工大学、沈阳工业大学、沈阳航空航天大学、辽宁工程技术大学、大连医科大学、大连海洋大学、沈阳大学 9 所高校均获得项目审批。例如，大连理工大学立项"基于'互联网 + 工业 APP'的机械基础件产学研用工业互联网数字技术平台"，辽宁工程技术大学立项"多源数据支持下的废气露天矿生态治理"，大连医科大学立项"抗神经疾病的天然活性肽功能分析、结构改造及产业化"，大连海洋大学立项"北方工业化养殖清洁智慧节能关键技术创新"，沈阳大学立项"桥梁水下缺陷检测机器人研发"等 20 余个项目②。项目启动实施后，辽宁省教育厅对揭榜高校以科技奖补形式予以资助，充分激发高校科技创新活力，加快推进数字辽宁、智造强省建设。

第五，构建"新字号"产业创新、协同、融合和耦合四大发展模式。"新字号"产业发展的本质就是技术创新，辽宁目前面临的主要内部约束便是技术约束。辽宁要想保持技术领先发展的优势地位，"新字号"产业需具备强大的自主创新能力。"新字号"产业的协同需求较为明显，在产业之间的耦合协同基础上，产业内部资源要素的协同对产业发展起着重要作用。其中，"新字号"产业内部的协同多表现为技术与制度、产业链、市场等要素

---

① Georg Graetz, Guy Michaels. Robots at Work. *Review of Economics and Statistics*，2018，100（5）：753 – 768.

② 《关于发布 2021 年辽宁省首批"揭榜挂帅"》，载《辽宁省科技技术厅》2021 年 3 月 2 日。

的协同，只有这些要素达成一致目标才能推动"新字号"产业的发展。在协同演化理论中，"新字号"产业与技术创新相互交织、互相选择，被视为一种内生变量推动"新字号"产业的发展。"新字号"产业的融合模式往往包括技术、产品、市场三种融合模式。"新字号"产业最终要发展成产业价值和技术的进一步深度融合，通过产市、产城及产业模块融合来实现最终的利益融合。另外，辽宁"新字号"产业对"老字号""原字号"产业存在拉动和引领作用，产业之间互惠共生、耦合发展。产业间子系统高度关联，可以通过资金、生产技术等关键要素在结构、目标、产业政策等方面实现动态耦合发展①。现阶段，辽宁"新字号"产业和技术创新水平的耦合发展程度仍然不高，需要进一步提升两者的动态演化进程。

第六节　辽宁"新字号"未来主导产业发展路径

未来产业将工业技术与新一代信息、生物技术、新能源、新材料等交叉融合为驱动，贯穿于生产活动、交通出行、民生消费、医疗健康等多方面经济活动，显著带动地区经济发展、改善人们生活质量、带动经济整体的产业生态体系建设。辽宁未来"新字号"应重点培育的主导产业主要包括智能机器人、网联汽车、通用航空、生物技术、智能医疗、人工智能、工业互联网七个重点方向。

一、智能机器人

首先，强化前瞻性理论研究。强化理论储备，推进人工智能等新一代信息技术与机器人的深度融合，在人脸、图像、语音识别和云识别等方面开展智能感知技术和认知技术的研究开发，加快攻克机器人高精度高速优化技术、柔性机器人多关节模块化等关键核心技术，以及探索人机交互系统在自学习、表达、推理等方面的拓展和应用。其次，突破关键核心技术。依托辽

---

① 刘义臣、沈伟康、刘立军：《科技金融与先进制造业创新发展的动态耦合协调度研究》，载《经济问题》2021 年第 12 期。

宁省内各大高校、科研院所、新松机器人等企业，重点围绕智能化控制器、高性能驱动器、高速执行器等关键环节，加大研发投入力度，攻克辽宁智能机器人在操作系统、高精密减速器、高可靠性技术等关键环节的短板和不足，并实施掌控基于人工智能、信息识别、信息交融、软件集成、智能探测等多方面的控制技术①，有效实现智能化机器人产业的全面升级和产业基础能力的全面提升。最后，研究开发一批标志性产品。建立研发、功能验证和性能测试等全方位的研发平台，组织开展智能机器人应用示范区，突破标志性产品如智能复合型机器人、柔性多关节机器人以及双臂协作机器人等②。推动智能机器人在食品、生物医药、电力航空装备、汽车、集成电路等多方位、多领域的应用示范。

二、智能网联汽车

首先，加快实现智能型网联汽车关键核心技术新突破。在发挥辽宁省现有的软件产业、装备产业、汽车产业等优势的基础上，推动产学研有效合作，建立创新型智能网联汽车平台，有效围绕智能网联汽车关键核心技术开展攻关，依托中科一唯、东软睿驰等汽车产业加快布局动力电池、车载操作系统、智能充电、辅助驾驶等的研发和设计，并积极探索智能网联汽车领域中智能电网技术和可再生能源的试点应用③。其次，形成智能网联汽车配套体系。实现智能网联汽车关键配套企业依托七大产业快速发展，引进和培育包括车载操作系统、控制器、雷达等智能网联汽车关键零部件企业，实现网联汽车产业链的配套体系。最后，推广和运营智能网联汽车示范应用。加快部署智能网联汽车测试区，信息化改造道路基础设施，实现车用无线通信网络，有效利用沈阳、大连机场和中德高端产业园等进行智能网联汽车的推广运营和应用。

---

① Daron Acemoglu, Pascual Restrepo. The Race between Man and Machine: Implications of Technology for Growth, Factor Shares, and Employment. *American Economic Review*, 2018, 108 (6): 1488 – 1542.

② 孟韬、赵非非、关钰桥等：《"智能 +"时代智能制造后发企业从追赶到超越的演化与机理研究——以新松机器人公司为例》，载《管理学刊》2021 年第 1 期。

③ 刘颖琦、席锐、周菲：《智能网联汽车产业技术创新优化路径研究——基于 DEMATEL 和系统动力学模型的实证分析》，载《软科学》2021 年第 9 期。

三、通用航空

首先，实现通航制造水平的升级。重点研发生产干支线飞机关键核心装备和整机配套装备，进一步加强干支线飞机大型结构件的研发和技术创新及产业化应用。重点加强对发动机制造、关键零部件和配套系统、飞行器研发、总装制造等的发展，协同促进通用航空产业在制造、研发、运营一体化的全产业链发展态势。推进辽宁新能源通用飞机、无人机制造等航空重点项目加快落实，积极建设法库通航产业基地及航空零部件产业园区等，实现通航制造水平的全面升级。其次，推动通用航空技术创新。重点依托沈阳航空航天大学、大连航运职业技术学院、沈阳航空职业技术学院、沈飞民机公司、航空研究所等资源，立足自主创新，进一步建设更加高端的研发中心和孵化机构，在提高通航产业基础理论的基础上，提高通航产业全产业链的研发技术创新能力。即联合高等院校、企业和科研院所，发挥自身区位优势，积极打造辽宁通航技术创新平台，提高通航产业科技创新能力。最后，促进通航产业集聚式发展①。加快提高地区通航产业和品牌价值影响力，引优培育新能源通用飞机、中小型通用飞机及无人机企业的培育，延伸航空产业链条，加快科技成果有效转化，建设通用航空配套服务平台，吸引各地航空产业汇集，推动集聚式发展。

四、生物技术

首先，加快研制出标志性的新药产品。重点依托中国医科大学、大连医科大学、辽宁中医药大学、锦州医科大学、沈阳药科大学等高校，以及成大生物、三生制药等生产企业，重点开发疫苗、抗体、细胞治疗、基因工程等产品，以及适用于重大疾病和多发性疾病的生物技术药物，推动企业攻克关键核心技术，实现药品质量升级。其次，推动生物技术公共服务平台建设。有效发挥辽宁各市临床机构和三甲医院的优势，以及对吉林、黑龙江和内蒙

---

① 张波、黄涛、杨凤田：《通用航空工业市场的培育瓶颈与运营模式》，载《宏观经济管理》2019年第1期。

古等地的辐射作用，建设一批由医药龙头企业为引领的高水平的汇集临床试验、安全性监测、成药性研究等为一体的医药科技公共服务平台。着力打造一批高端生物医药服务平台，建设国家级和省级重点工程实验室和技术研发中心，构建完善的产业体系。最后，推进医药和生物技术深度融合[1]。以服务人类生命健康和社会生态环境保护等方向为需求，依托优势科研机构，重点解决有损生命健康的废水、废气、废物的监测和环境修复等实际问题，有效促进生物工程技术和工业领域、环保领域的深度融合。

五、智能医疗

首先，推进人工智能技术与医疗深度融合。攻克病理分型等关键核心技术，重点依托东软等单位，发展智能诊断辅助系统，突破文档语义识别、医学语言用语等技术，提高诊断质量和效率；开发推进健康医疗管理系统、制定智能养老服务计划、推进基于专业指导的个性化健康自主管理系统[2]；同时推进外科手术、治疗理疗规划和微创手术等方面的计算机可视化应用，提高治疗水平，实现信息化技术的深度融合。其次，建立智能医疗创新平台。积极开展医学语言自动化处理、文档语义识别、知识图库构建、人机交互、医疗效果比较、智能控制与多信息融合等关键核心技术攻关，以辽宁省内高等院校和科研院所为依托，建立高层次的智能医疗创新研发平台，为智能医疗提供强有力的支撑。最后，致力于构建智能医疗应用示范载体。重点依托辽宁现有的医院、养老院、体检中心等示范基地（如东软医疗、东软熙康等），积极组织开展新业态新模式的应用示范基地构建，如构建智能诊疗、智能健康、智能家居养老、决策个性化诊断支持等，探索出辽宁特色的智慧医院、智慧养老院和智慧体检中心。

六、人工智能

首先，建设以人工智能为依托的产业创新体系。以东北大学、大连理工

---

[1] 肖晗：《辽宁医药制造业创新驱动发展现状与建议》，载《中国市场》2021 年第 10 期。
[2] 任佳妮、张薇、杨阳等：《"人工智能＋医疗"新兴技术识别研究——以医疗机器人为例》，载《情报杂志》2021 年第 8 期。

大学、辽宁石油化工大学、新松公司、中国科学院沈阳自动化研究所等资源优势，组建辽宁人工智能领域的新型研发机构，将智能制造云平台、机器人技术创新中心、智能医疗系统创新平台等打造成为国家级的创新和研发应用平台。继续加强在人工智能领域的基础理论，加快科技成果有效转化，力争攻克语言处理、机器学习、人机互动等一批关键核心技术①。其次，培育人工智能核心产业。应深入了解辽宁智造强省建设的发展要求，适应智能经济、数字经济的发展目标，加快企业与高校和科研院所的合作，有效吸纳各地人才，借助人力资本的力量实现人工智能技术的迭代创新②。重点发展智能芯片及其制造装备、智能翻译及语音产品、智能动态目标识别、图像监测、3D扫描等人工智能产业的发展。最后，加快人工智能产品及技术的推广和应用。以辽宁智慧城市建设和产业智能化转型升级为依托，实现人工智能技术和国防、教育、旅游、医疗、航空航天、正装机车、机床、服务业等领域的深度融合，进而开展人工智能应用示范研究平台建设，实现高水平的智能服务、智能工厂、智能车间、智能装备等的综合服务平台。

七、工业互联网

首先，攻克互联网关键核心技术。依托现有资源建设辽宁省工业互联网研究院，重点在数字资源采集及处理、数据存储、数据算法分析、防火墙修复建设、数理建模、图形化编程分析、对语言处理等工业互联网领域取得关键性核心技术突破，为辽宁工业互联网发展提供强有力的保障。其次，培育建设工业互联网平台。实现工业互联网产业联盟与东软集团、新松公司等企业的有效对接，积极引进海尔、西门子、富士康、东方国信、航天云网等领先的工业互联网平台，实现人工智能、工业互联网、大数据、机器学习等智能化信息技术与数学、物理、化学、自动化等学科的有机融合，实现科技成果有效转化，力争打造具备国际竞争力的一流工业互联网平台。最后，开展工业互联网应用推广。实施辽宁工业企业"上云"专项行动，把握辽宁智

---

① 胡晟明、王林辉、赵贺：《人工智能应用、人机协作与劳动生产率》，载《中国人口科学》2021年第5期。

② 唐晓华、李静雯：《区域创新、工业智能化与产业结构升级》，载《经济与管理研究》2021年第10期。

能制造转型升级的发展机遇，推广实施辽宁工业互联网集成创新应用示范平台，从中选出成效显著、竞争能力优越的互联网应用创新项目，推动工业APP培育建设，加快工业企业智能化发展[①]。

第七节　辽宁"新字号"产业智造转型的对策建议

第一，以市场需求为导向，保证产业链的完整性[②]。首先，辽宁"新字号"产业的长期发展需要以市场需求为导向，不能过度依赖政府投资主导。政府的作用往往体现在两个层面：在制度上，政府维护市场秩序、竞争环境、实施价格规制等；在政策上，政府加大对市场需求的培育力度，尤其是对新产品的推广和示范要以市场为主体，促进产品竞争力的提升[③]。其次，在保证市场需求为导向的前提下，要做好强链补链延链工作，针对辽宁"新字号"产业，关键在于实现关键核心技术的自主可控，将高铁、汽车、人工智能、航空航天等重大工程设定为龙头企业，实现龙头企业带动产业链的作用。因此，辽宁要加快"强链"，加快对传统产业的改造升级，重点发展与重大工程相匹配的关键核心材料，强化培育战略性新兴产业链。另外，要加速"补链"，将传统产业链条中的传统材料改造升级为新兴材料及相关化学用品，加快形成相关"新字号"产业链上游、中游、下游的互融互通，加快发展各类化工园区建设，促进区域间产业的互补共融。

第二，以产业园区建设为重点，壮大智能制造发展载体。以长三角、珠三角为引领的多个发达地区依托当地政府的税收优惠和补贴政策，以智能制造产业园区的建设为重点，将智能制造作为推动地区制造业产业转型升级的主攻方向，积极推动建设大数据、智能制造装备、人工智能、信息网络等产业园区，力求打造智能制造产业发展的良性空间载体。因此，辽宁应重点依托和利用国家级和省级的产业园区，吸纳大批智能制造企业入驻，吸引优秀

①　蔡呈伟、戚聿东：《工业互联网对中国制造业的赋能路径研究》，载《当代经济管理》2021年第10期。

②　Judit Monostori. Supply chains robustness：Challenges and opportunities. *Procedia CIRP*，2018，67：110 – 115.

③　Thomas Elmqvist，Erik Andersson，Niki Frantzeskaki et al. Sustainability and resilience for transformation in the urban century，*Nature Sustainability*，2019（4）：152 – 156.

高技术型人才,逐渐打造形成在人力资本、技术、资源等要素市场的雄厚基础,以及在政策支撑和产业配套能力上的优势,逐步显现"新字号"产业智能化转型升级的集聚发展特征。最后,要充分借助工业互联网和大数据等平台,将辽宁产业链条融入到国内产业链条中,利用辽宁"新字号"产业链内的效应和影响吸引省外相关行业的上下游企业积极加入本地区产业园区投资建设中来,进而逐渐形成适应辽宁本地区"新字号"产业智能化转型升级的优势产业集群①。最终实现把辽宁"新字号"产业由小做大做强,积蓄"新字号"发展的强劲势能,壮大智能制造发展载体,以科技创新为引领推动辽宁"新字号"智造转型新优势,使辽宁具备迈上高质量发展新台阶的有利条件。

第三,以数字化技术为基础,形成云平台、大数据、人工智能技术支撑下的智能制造新模式。首先,要在"新字号"的龙头和骨干企业内部网络上实现数字级的智能制造生产模式,形成企业内部的智能化标准化体系,实现辽宁"新字号"产业在广度上的智能制造,为发挥辽宁省"新字号"产业带动作用奠定基础;其次,加强应用开发、平台设备接入等必要的支持,打破生产、研发、管理等基础工业软件 APP 的云平台迁移,引导"新字号"龙头和骨干企业基于互联网和大数据平台进行广泛连接,以带动战略性新兴产业链上下游等中小型企业实现系统的云端迁移;最后,要依托自身优势,集聚技术、设备、数据、知识等关键核心资源,发展共享和分布式制造,共创协同设计、众包众创的智能制造生态圈模式,打造覆盖多领域的、贯通数字孪生供应链的服务配置和网络化资源配置体系,发挥示范引领作用。同时,将人工智能等企业的发展方向与智能社会、智能经济的发展需求相对接,实现技术创新向更深层次的演进过程。力争打造一批"数字辽宁,智造强省"建设精品工程。加快形成以"数字技术"为基础的新产业、新业态、新模式的"新字号"产业智能制造新模式。

第四,以重大项目工程为载体,加强高质量人才队伍建设。重点依托东北大学、大连理工大学、辽宁大学、中国医科大学、中国科学院沈阳自动化研究所、中国科学院金属研究所等高等院校和科研院所,在深化基础理论研

① 何文韬:《产业集聚对企业初始规模选择与持续生存的影响——基于辽宁省中小企业的分析》,载《经济地理》2019 年第 10 期。

究的基础上，逐渐实现引领国家产业基础前言理论的研究方向，建设一批辽宁"新字号"产业在医疗健康、网络信息、人工智能、智能汽车、生物医药等未来主导产业发展的国家级重大项目工程，加快在战略性新兴领域实现突破，为辽宁"新字号"产业进一步发展奠定基础。建立高层次的人才"磁力系统"①。建立以能力和业绩为尺度、用人单位为主体、政府为主导的科学规范的人才评价机制。建立重贡献、重实绩的高层次人才创新机制和向关键岗位和优秀人才倾斜的分配机制。积极引导社会财政资金流向人才项目，加大人才创新融资扶持力度，为人才服务建设"绿色通道"，构建"一站式"人才服务平台，基于高层次人才在户口迁移、社会保障、人才公寓、税务登记、出入境管理等方面的服务便利，着力吸引国内外高层次人才流入辽宁，建设一批高质量的人才队伍。

第五，以新生态为根基，厚植辽宁"新字号"产业智能制造创新沃土。智能制造作为新一代信息技术和先进制造技术的有机融合，不单单是几项技术的简单整合，而是供给、消费、应用主体的网络化、平台协同合作化的新生态，是软件、装备、网络等关键要素的系统集成，是产业发展在技术、生态和文化体系的重构，是制造业良性循环发展的根基。要想厚植辽宁"新字号"产业智造转型，就用按照"基础支撑、创新驱动、应用牵引、开放合作"的基本思路，以创新驱动为着力点，着力构建一个人力资源充足、基础设施完善、市场秩序统一、发展环境良好、政策措施齐全、企业互利共赢的良好的智能制造生态体系。最终，推动协同创新和技术突破，梳理辽宁"新字号"产业基础短板和长处，围绕关键核心基础零部件、先进基础工艺、产业技术基础等领域，组织区域内外创新成果的有效转化。推动跨学科领域的研发创新，重点突破智能感知、仿真设计、增材制造等先进工艺技术，构建新一代信息技术、工艺软件等集成技术，打造"新字号"产业创新沃土。

第六，借鉴德日美等国家在装备制造、技术储备及数据处理②等方面的成功经验，推进辽宁智造强省建设。美国、日本、德国等工业发达国家的制造业发展格局正面临重大调整，相继提出"再工业化"战略，来推进产业结构升级，重振装备制造业，掌握新一轮的技术变革主导权。德国汽车制造

---

① 《培养更多高素质技术技能人才》，载《人民日报》2021年7月25日。

② 纪成君、陈迪：《"中国制造2025"深入推进的路径设计研究——基于德国工业4.0和美国工业互联网的启示》，载《当代经济管理》2016年第2期。

和机床制造始终位于全国领先地位，奔驰、宝马、保时捷、奥迪等著名汽车品牌在中国影响力巨大，其中西门子是其工业燃机领域巨头，其掌控的关键核心技术是其一直称霸在工业燃汽轮机领域的关键。日本虽然在智能手机和家电产品处在下游领域，制造业企业被外界关注度不高，但是日本企业的核心技术能力和技术储备能力十分雄厚，在产品制造过程中，对于提高产品性能、提升生产效率的关键上游产品领域如零部件、化工及电子材料、仪器等精密设备等①，日本企业仍然掌控并维持着强劲的实力。与日本和德国相比，美国更加关注和重视数据在生产中的作用，在供应链的管理、生产流程管理、产品服务管理、设备健康管理、客户需求关系管理等方面都大量依赖数据进行，以保证在制造业竞争中处于一定优势。因此，应在借鉴学习这些发达国家推进制造业发展的基础上，寻找适合辽宁"新字号"产业智能化转型升级的发展路径。

第七，把握"新字号"产业未来发展方向，实现辽宁新突破。未来产业能够有效代表新一轮科技革命和产业革命的发展方向，是推动辽宁经济高质量发展、实现新旧动能有效转化、获取竞争优势的关键所在。因此，应适应和把握新一轮科技革命和产业变革的发展机遇，以现有理论研究为基础，合理制定辽宁"新字号"未来产业发展规划。目前，北京、上海、深圳、杭州等地都已积极出台推进未来产业发展的战略规划和政治举措，加快培育和发展未来产业。因此，辽宁要适应现阶段发展态势，以高质量发展为核心，以重大项目、创新平台为依托，以"数字产业化"和"产业数字化"为抓手，加快谋划"新字号"未来产业发展的目标、方向和战略领域，进一步采取有效的战略举措抢占发展先机，加快培育未来交通、生产、健康和信息技术四大主导产业，实现"3+2"的产业生态体系②，具体包括智能机器人、网联汽车、通用航空、生物技术、智能医疗、人工智能、工业互联网七个重点方向。力争在这七大重点发展领域实现引领式和跨越式发展，在新一轮科技革命和产业变革上抢占先机，将辽宁省各市打造成为国家一流的示范区和国家未来产业创新发展的先行区，实现辽宁"新字号"产业发展的新突破。

---

① 周斐辰：《日本科技创新战略重点及施策方向解析——基于日本〈科学技术创新综合战略2020〉》，载《世界科技研究与发展》2021 年第 4 期。
② 国务院发展研究中心国际技术经济研究所：《世界前沿技术发展报告》，电子工业出版社2020 年版。

第七章 智造强省建设的战略思路

近年来，我国战略性新兴产业创新生态发展取得了长足的进步，大众创业万众创新示范基地建设和战略性新兴产业集群发展为创新生态的发展提供了良好空间。近期重点支持的5G、工业互联网、集成电路、工业机器人、增材制造、智能制造、新型显示、新能源汽车、节能环保等战略性新兴产业不断孕育出新的创新生态。辽宁省在发展自主创新的过程中，更要紧紧围绕国家创新发展战略，建设辽宁省特色创新产业，加快智能制造发展步伐。中国虽是制造业大国，却不是制造业强国，大而不强的局面亟待改观。就整体技术水平和在全球产业链条上的地位而言，"中国制造"仍处于全球中等水平，低端产品过剩、中高端产品不足。尤其是高端产业、核心技术领域，与美欧日发达经济体仍有不小的差距。能否由"中国制造"升级为"中国创造"和"中国智造"，是摆在国人面前的历史性考验。自2004年以来，我国制造业企业生产效率的提升越来越依赖企业自身的成长，然而其增长空间却在不断缩小[1]，造成这一现象的主要原因是自改革开放以来，我国制造业企业的技术进步主要依赖于技术引进基础上的模仿创新以及外资技术溢出，由此导致我国制造业企业长期陷入"落后—引进—再落后—再引进"的低水平循环，从而对技术引进形成了路径依赖[2]。面对"百年未有之大变局"的复杂形势，中国企业在走过了引进和消化国外先进技术的历程后，只有通过自主创新，开发具有自主知识产权的产品及生产技术，发展自主品牌，才

---

① 杨汝岱：《中国制造业企业全要素生产率研究》，载《经济研究》2015年第2期。
② 唐未、傅元海、王展祥：《技术创新、技术引进与经济增长方式转变》，载《经济研究》2014年第7期。

能在国际竞争中求得生存和发展①。

第一节　推动智造强省建设的自主创新战略

一、自主创新推动智造强省战略的必要性

（一）自主创新推动经济高质量发展，是实现辽宁省制造业高水平科技自立自强的战略选择

党的十九届五中全会提出，"坚持创新在我国现代化建设全局中的核心地位，把科技自立自强作为国家发展的战略支撑"。习近平总书记在两院院士大会中国科协第十次全国代表大会上重申"实现高水平科技自立自强"的目标②。当前，辽宁省工业结构整体偏向重工业，经济发展尤其是制造业发展面临着方式转变、动力转换、结构调整等多重任务，通过自主创新实现智造强省，是解决地区重大产业经济问题、构建现代化经济体系的重中之重，是推动地区制造业转型和经济高质量发展的战略选择。

（二）自主创新加快创新驱动经济，是全面增强辽宁智能制造发展的战略支撑

从创新驱动战略看，在创新、协调、绿色、开放、共享的新发展理念总体指导下，创新在现代化建设全局中居于核心地位。根据《2020 中国区域创新能力评价报告》测算，辽宁省区域创新能力排名第 17 位，较 2019 年上升 2 位，与 2018 年持平，基础研究经费 30.58 亿元，排名第 10 位，但距离北京、上海、粤港澳三大科技创新中心的 R&D 经费投入和地方财政科技投入均有较大差距。辽宁省仍然引领东北地区创新，但东北地区创新能力整体

---

① 周亚虹、贺小丹、沈瑶：《中国工业企业自主创新的影响因素和产出绩效研究》，载《经济研究》2012 年第 5 期。
② 侯金亮、朱涛：《坚持创新在我国现代化建设全局中的核心地位》，载《重庆日报》2020 年11 月 10 日。

偏弱，同构性最相近。因而，强化创新驱动经济增长动力转换，全面增强自主创新能力，把科技创新作为辽宁振兴发展的战略支撑。

（三）自主创新促进制造业转型升级，是实现辽宁省"十四五"规划的路径选择

从智造强省目标看，智能制造是"中国制造 2025"的主攻方向和制造业转型升级的重点路径，是中国经济发展新常态背景下促进实体经济高质量发展的必然选择。《辽宁省国民经济和社会发展第十四个五年规划和二〇三五年远景目标纲要》强调，加快智造强省，着力构建现代产业体系，要坚持把发展经济着力点放在实体经济上，推动制造业高质量发展，加快实现工业振兴。从实体企业、产业出发，补链强链，确定自主创新、智能制造的主攻方向，是实现"十四五"规划和 2035 年远景目标的路径选择。

二、制造业自主创新的内外部影响因素文献回顾

（一）内部影响因素

1. 企业规模与制造业企业自主创新

自从熊彼特（Schumpeter，1942）[1] 提出较高市场集中度行业当中大型企业的创新活动是技术进步的主要源泉以来，根据他的这一论断，学术界对企业规模与企业创新行为之间的关系研究便开始陆续出现，众多研究文献着眼于论证熊彼特假说的正确与否，形成了一系列理论与实证的研究结论。有一些文献的研究结论支持了熊彼特假说，弗里曼（Freeman，1982）[2] 研究认为，现有文献对熊彼特假说进行论证时，在实证研究过程中往往会剔除小规模企业，这容易造成研究结果的偏差，而熊彼特假说似乎更加适用于描述小规模企业的创新行为。国内的研究文献中，吴延兵（2007）[3]

---

[1] Schumpeter J. A. *Capitalism*，*Socialism and Democracy*. Third Edition，New York：Harper and Row，1950.

[2] Freeman C. *The Economics of Industrial Innovation*. London：Frances Printer，1982.

[3] 吴延兵：《企业规模、市场力量与创新：一个文献综述》，载《经济研究》2007 年第 5 期。

以中国制造业企业为研究对象，发现我国制造业企业的规模与其自身研发投入之间呈现显著的正相关关系，支持了熊彼特的理论。周黎安和罗凯（2005）[①] 从所有制异质性视角展开研究，最终发现企业规模与企业研发投入规模之间的正相关关系仅存在于非国有企业之间，国有企业则不具备这一关系特征。

2. 公司治理与自主创新

众多现有文献的研究结果都表明，公司治理对企业研发创新活动具有重要影响，是企业创新的重要内部制度性基础，良好的公司治理使企业经营过程中不仅追求短期经济利益，更注重追求长期的经营目标，有利于推动企业形成长效自主创新机制[②]。现有文献研究公司治理对企业创新的影响，主要从以下几个视角进行研究，如股权结构、激励机制、外部治理环境等。

很多企业在外部环境和企业规模大致相同的情况下，其创新行为却表现出极大的差异，这些差异只能从企业内部来寻找原因。在股权结构方面，鲁桐、党印（2014）[③] 研究发现企业前十大股东持股比例、基金持股比例以及董监高持股比例的提高对企业的研发自主创新具有促进作用。在我国企业二元所有制的背景下，国有企业更具创新性，但是国有产权的提高削弱了薪酬激励对企业管理层创新行为的激励作用。在激励机制方面，现有文献研究主要集中在何种激励机制设计有利于推动企业创新积极性方面，李文贵和余明桂（2016）等以我国的央企为研究对象，发现对央企负责人实施业绩考核制度可以显著提高创新对企业价值的边际贡献。

（二）外部影响因素

1. 市场结构与自主创新

在市场结构与企业自主创新之间的关系方面，现有文献仍然以熊彼特假说为参照系，对其进行实证检验。但是早期的文献就该问题并未达成一致，霍洛维茨（Horowitz，1962）研究发现市场集中度与企业的自主创新之间呈

[①] 周黎安、罗凯：《企业规模与创新：来自中国省级水平的经验证据》，载《经济学》（季刊）2005 年第 2 期。

[②] 党印：《公司治理与技术创新：综述及启示》，载《产经评论》2012 年第 6 期。

[③] 鲁桐、党印：《公司治理与技术创新：分行业比较》，载《经济研究》2014 年第 6 期。

较弱的正相关关系；而汉贝格（Hamberg，1966）的研究则发现市场集中度对企业自主创新差异的解释力只有不到30%。国内文献具有代表性的有陈林、朱卫平（2011）运用中国制造业企业数据库的数据检验市场结构与企业自主创新的关系，研究发现该关系在行业市场的产权结构之间具有异质性，国有经济占比较高的行业呈"U"型关系，而国有经济占比较低的行业呈倒"U"型关系，并认为在中国，熊彼特假说并不成立。王贵东（2017）则从企业的垄断势力出发，探究我国垄断型企业究竟运用其垄断势力进行创新还是寻租，发现该问题的答案在不同特征的企业之间具有异质性。

综上所述，现有文献对市场结构与企业自主创新关系的研究并未得出较为一致的结论。

2. 政府政策干预与自主创新

现有相关的研究主要围绕R&D补贴政策的制定、实施以及政策效果而展开。政策制定者希望通过针对不同创新类型的企业，给予其相应水平的R&D补贴，而企业在该环节为了争取更多补贴可能发出虚假信号，因此，政府需要通过考察和分析企业发出的创新信号，甄别企业的真实创新能力，从而使R&D补贴政策的激励效果达到最优。

现有研究文献对R&D补贴政策的真实激励效果并未达成共识，其中多数文献研究认为R&D补贴对企业R&D投入有正向激励作用；另有一部分文献研究认为R&D补贴对企业R&D投入不一定存在正向激励作用，R&D补贴对企业R&D投入的影响是中性的甚至有挤出效应[①]。R&D补贴的政策效果众说纷纭，研究结果表明，补贴强度、政策搭配以及补贴对象和方式等因素都会对R&D补贴政策的激励效果产生影响，R&D补贴的强度只有在该"适度空间"内[②]，且与其他政策工具合理搭配以及选取合理的R&D补贴方式和R&D补贴对象（比如自主创新、创新产品或创新技术），才能够使R&D补贴政策达到理想的激励效果。

综上所述，已有的文献对政府R&D补贴对企业自主创新与产出的影响研究较多，并得出了各种不同的观点（如激励创新、政策中性以及挤出创新）。

---

① 陈希敏、王小腾：《政府补贴、融资约束与企业技术创新》，载《科技管理研究》2016年第3期。
② 毛其淋、许家云：《政府补贴对企业新产品创新的影响——基于补贴强度"适度空间"的视角》，载《中国工业经济》2015年第6期。

3. 社会制度环境与自主创新

众多现有研究文献认为，良好的社会制度环境是企业创新的重要外部环境因素，国内文献对社会制度环境对企业创新行为影响的研究主要集中在知识产权制度、司法环境、政府的腐败程度或者反腐败、地方政府行为等方面。

在知识产权制度方面，现有国内文献的研究都支持加强知识产权保护有利于促进企业创新的观点。其中，吴超鹏和唐药（2016）① 除了证明政府加强知识产权保护可以促进企业创新之外，还证明加强政府对知识产权的执法力度，对企业具有缓解外源性融资约束和减少研发溢出损失的作用。而张杰和芦哲（2012）② 研究发现知识产权保护力度并不是越高越好，知识产权保护力度与企业研发投入之间呈倒"U"型关系。

在司法环境方面，潘越等（2015）③ 从地方司法保护的角度来说明其对创新的影响，并提出改革司法环境、减少企业环境的不确定性有利于企业创新。在政府反腐败方面，王健忠、高明华（2017）④ 从政治关联与创新两者之间的替代关系出发，研究发现反腐败提高了企业政治关联和寻租的成本，从而提高了企业创新积极性。

在地方政府行为方面，现有国内文献一般从我国独有的财政分权和晋升激励制度方面考察地方政府的行为对企业创新的影响。吴非等（2017）⑤ 从财政科技投入及地方政府行为与企业自主创新之间的关系出发，研究发现财政科技投入受政府考核机制的影响，其创新产出具有地区异质性，中部地区的创新福利效应并不显著。王小霞等（2018）⑥ 从最低工资制度方面分析其对制造企业研发自主创新的影响，其研究发现，提高最低工资有助于提升企业的研发创新水平。

---

① 吴超鹏、唐药：《知识产权保护执法力度、技术创新与企业绩效——来自中国上市公司的证据》，载《经济研究》2016 年第 11 期。

② 张杰、芦哲、郑文平、陈志远：《融资约束、融资渠道与企业 R&D 投入》，载《世界经济》2012 年第 10 期。

③ 潘越、潘健平、戴亦一：《公司诉讼风险、司法地方保护主义与企业创新》，载《经济研究》2015 年第 3 期。

④ 王健忠、高明华：《反腐败、企业家能力与企业创新》，载《经济管理》2017 年第 6 期。

⑤ 吴非、杜金岷、李华民：《财政科技投入、地方政府行为与区域创新异质性》，载《财政研究》2017 年第 11 期。

⑥ 王小霞、蒋殿春、李磊：《最低工资上升会倒逼制造业企业转型升级吗？——基于专利申请数据的经验分析》，载《财经研究》2018 年第 12 期。

三、自主创新推动智造强省建设的重点方向

基于第十四个五年规划和 2035 年远景目标纲要及产业发展基础，辽宁省在智造强省、促进高技术产业发展方面，应注重发挥比较优势，加快自主创新与实体经济融合，围绕优势产业，着力建链延链补链，优化产业布局。

（一）以开放式创新体制为核心方向，重塑区域创新系统

从基础科研到技术产出再到技术应用产生经济效益也需要相对较长时间。短期内，以提高实用技术水平和建设科技研发平台为主要目标，可以允许现有非优势产业实施"仿创结合"战略，先通过技术引进、改造等方式提高技术水平，为中长期科研创新和技术应用构建平台基础。长期内，提高自主核心创新能力，注重创新质量，逐步减少技术引进和改造，逐步摆脱外部技术依赖，形成核心竞争力。以快速调整能力为本质的创新柔性是制造企业转型的重要方向，可以使其更好地应对市场的波动变化，从而达到中长期的创新发展。到 2035 年基本实现智造强省，跻身创新型省份前列，在国家发展大局中的战略地位更加重要。

（二）以探索性创新为重点领域，增强优势产业、优势企业的产业链引领作用，实现产业前瞻布局弯道超车

装备制造业是辽宁省"新字号"重点产业培育工程，产业发展前景较好。装备制造业处于产业链中游，产品主要为下游扩产投资所用，作为通用设备的工业机器人是制造业企业投资的关键设备，其产业链主要由上游核心零部件制造、中游本体生产及下游集成应用构成，其中控制系统、伺服系统及精密减速器是工业机器人上游产业链的核心零部件。受疫情影响，工业机器人供求均出现波动，但后疫情时期，受益于下游制造业景气回暖，我国工业机器人产量开始触底回升，工业机器人产量增速也呈现正值，2020 年全年产量 23.71 万台，同比增长 19.1%[①]。随着社会进步、老龄化加深、人力

---

① MIR 睿工业：《新冠疫情对工业机器人市场影响及 2020 年展望》，搜狐网，2020 年 2 月 20 日。

成本提高，叠加下游3C、汽车等需求行业发展产业上升周期，未来工业机器人销量有望延续增长态势，装备制造业特别是工业机器人企业迎来弯道超越的历史机遇期。优势产业、优势企业应努力扩大行业竞争力，优化企业资源和市场布局，例如在工业机器人领域，埃斯顿通过外延并购加速国际化、埃夫特通过先后收购诸多海外企业，拓展了喷涂、抛光打磨、切割等新的应用场景，相应的，新松应扩大战略市场，向通用工业领域加速渗透，抓住机遇期缩小差距，成为全国行业龙头。打造"智造辽宁"品牌，依托既有航空航天、造船等产业基础，把握国家战略需求，支持区域企业加强国际交流合作，面向全球布局事关核心技术的创新网络，在全球范围内优化配置创新资源，在装备制造业领域扩大产业优势。

（三）以打造创新共同体为主要抓手，推动"产、学、研、用、政"深度融合

对隶属于不同系统的企业、高校和科研院所，由以往的"点对点"的技术转让转变为"点线面"综合技术共享，由以往局部性、阶段性合作转变为广泛的、连续性的协同合作，共同解决制约产业发展的共性问题和技术难题。依靠政府产学研合作项目"牵线搭桥"，由企业和科研院所牵头实施。同时，参考企业和相关科研机构的选题意见，发挥其创新与产业化主体的作用，达成合作目标、追求价值上的一致性，加快科技成果转移转化。实现问题需求、资源投入、政策组合、场景应用在特定战略方向、平台、项目上的协同与汇聚。综上，提出以下建议：

（1）依托国家机器人创新中心、中科院沈阳自动化研究所、新松集团、通用机器人、东北大学、沈阳飞机设计研究所、云科智能、东软集团、沈阳药科大学、中国医科大学、三生制药、远大诺康、何氏集团等科研机构和单位，大力发展未来智能产业、健康产业、信息技术产业。积极谋划5G、工业互联网、大数据、人工智能等发展布局，实现与南方发达省地区发展同步。

（2）实施产业基础再造工程和首台（套）重大技术装备工程，补齐工业基础能力短板。构建产业技术创新体系，强化企业创新主体地位，培育"隐形冠军"、高新技术企业等，强化产业关键共性技术的支撑能力，建成一批高水平制造业创新中心，提升公共服务平台服务水平。

（3）大力发展数字经济，推动云计算与大数据、物联网、移动互联网等领域的深度融合，开发智能传感、视频识别、智能终端、智能传输和信息处理等领域的高端实用技术。大力发展智能装备，瞄准智能工厂、数字化车间建设，加快推进工业机器人创新应用和电力巡检等专用服务机器人产业化。大力发展生物产业，开发针对重大传染病的新型疫苗和创新药物，研发对常见病和重大疾病有显著疗效的生物技术药物和小分子药物，鼓励企业研发移动医疗产品。大力发展绿色产业，推广一批具有自主知识产权的资源综合利用技术，推进纯电动汽车、插电式混合动力汽车和燃料电池汽车产业化。

（四）以创新链、产业链、资金链、人才链、政策链"五链合一"为施政重点，优化财政资金使用效率

一是为智能制造提供平台和制度支持。我国已基本形成了多个创新集聚区，分别是以北京为中心的京津冀创新集聚区、以上海为中心的长三角创新集聚区、以广东为中心的珠三角创新集聚区，以及以成都、重庆、武汉、西安为中心的区域性创新集聚区。辽宁应引领东北地区整合资源，对新一代人工智能产业，如智能机器人研发和制造、新一代网络安全产业等开展基础研究，建设辐射东北地区的更大范围的创新集聚区，扩大产业创新政策支持领域和力度，政府应积极为企业创新提供外部要素基础，降低交易成本。二是引导资金和人才转向智能制造。引导企业根据自身发展和行业特征制定企业创新战略，鼓励和支持企业通过自主创新优化生产要素配置，提高创新的边际效用和企业全要素生产率。加大对企业 R&D 经费投入和人才引进的资金支持力度，设立辽宁省智能制造发展专项资金及装备制造业发展等专项资金，鼓励制造企业积极申报智造项目，专项专用，提高政府 R&D 经费投入的资金利用效率和透明程度。三是协助企业防范智能制造发展中的风险，关注短期扰动，把握长期趋势适时进行逆周期调节。引导企业根据自身发展和行业特征制定企业创新战略，鼓励和支持企业通过自主创新优化生产要素配置，提供制度安排和托底保障，稳定政策预期，加强市场监管，分散企业的自主创新的外部成本和风险，增强政策的连续性、稳定性和可持续性，稳定企业预期，进而促进全行业的创新驱动转型。

（五）通过鼓励中小企业创新补链强链，发展专精特新中小企业

基于国家"补链强链"专项行动，针对地区产业链薄弱环节，尤其是

高端装备制造业等重点领域的关键环节及关键领域，依托中小企业"补短板""锻长板""填空白"，培育"专精特新"中小企业。国家工信部公布的三批"小巨人"企业名单中机械制造居各行业首位，且集中分布在沿海制造大省，辽宁省应加快培育本土"小巨人"企业，在评定本土"专精特新"中小企业过程中不仅形成省市梯度格局，还应与本地产业链相匹配，发挥中小企业灵活性强、选择能够发挥优势的细分产业链进行专业化经济，以专补缺、以小补大，专精致胜的发展路径。加大对中小企业科技创新的扶持力度，通过实施省科技重大专项、省重点研发计划、企业研发投入事后奖补等方式，支持企业攻克关键核心技术，研发重大创新产品，培育经济发展新动能。缓解中小企业融资困难，对在境内科创板、主板、中小板、创业板和在境外交易所首发上市的企业增强补助力度。落实中央财政降费奖补政策，对扩大小微企业融资担保业务规模、降低小微企业融资担保费率等政策性引导较强的融资担保业务予以奖补。发挥中小企业促进会等机构的协调促进作用，完善以企业为主体的产业技术创新机制，支持辽宁省开发区打造特色载体，推动中小企业创新创业升级。

第二节 推动智造强省建设的产业集群战略

2020 年，国家发改委、科技部、工信部、财政部四部门联合印发的《关于扩大战略性新兴产业投资 培育壮大新增长点增长极的指导意见》提出，构建产业集群梯次发展体系，培育和打造 10 个具有全球影响力的战略性新兴产业基地、100 个具备国际竞争力的战略性新兴产业集群，引导和储备 1 000 个各具特色的战略性新兴产业生态，形成分工明确、相互衔接的发展格局。① 产业集群是中国制造的骨骼，它的形态决定了中国制造的模样，也是中国工业最大的国情。产业集群的深化发展是工业化后期加快发展的客观要求，是经济发展新阶段的客观体现，更是区域发展战略深化的必然要求。随着智慧集群概念的浮现，产业集群的发展不断智能化。战略性新兴产

---

① 国家发展和改革委员会：《关于扩大战略性新兴产业投资 培育壮大新增长点增长极的指导意见》，国家发展和改革委员会网站，2020 年 9 月 11 日。

业的发展无疑是智慧集群的重点领域，有助于补齐短板和弱项，构建自主可控的现代产业体系，并着力打造战略性新兴产业集群建设的"新型苗圃"。辽宁省智能制造产业的不断发展进一步推动产业集群的智能化，随着智慧集群概念的浮现，如何加快辽宁制造强省集群企业智能升级是推动供给侧结构性改革的有效保障，也是贯彻国家政策和产业发展的重要支撑。发展智能制造产业集群战略对制造强省产业创新、增强企业竞争力具有重要探索意义。

一、产业集群的概念及特性

亚当·斯密（1981）[①] 将企业集群定义为由大量分工明确的中小企业为生产某种产品而联合起来形成的一种群体。从区位的角度出发，韦伯（Weber，1929）[②] 引入集聚因素来界定企业集群，提出作为一种企业的空间组织形式，集群是企业在特定地域范围内互相作用的一种集聚体。20 世纪 90 年代初期，美国战略管理学家迈克尔·波特（Michael E. Porter，1998）[③] 首次提出产业集群的概念。国内自 2000 年以来关于产业集群研究的文献也不断涌现，虽然国内学者们对产业集群这一现象的理解和表述各有不同，但绝大部分都演化自波特教授给产业集群所下的定义。例如，仇保兴（1999）[④] 将产业集群定义为一群各自独立又互相关联的企业按照专业化分工和合作而建立起来的组织。王缉慈（2001）[⑤] 则把产业集群定义为大量专业化的企业及相关支撑机构在一定地域范围内的弹性集聚，它们结成密集的合作网络。在产业集群的定义上，通常引用波特提出的定义方法："产业集群是指在某一特定领域，通常以一个主导产业为主的市场领域中，大量产业联系密切的企业以及相关支撑机构在空间上集聚，并形成强劲、持续竞争优势的现象。"产业集群竞争力受到需求条件、要素条件、企业竞争战略、配套产业以及政府支持等方面的影响（见图 7 – 1）。

① 亚当·斯密：《国民财富的性质和原因的研究》，商务印书馆 1981 年版。
② Weber A，Friedrich C. J. Alfred Weber's theory of the location of industries，1929.
③ Michael E. Porter. Clusters and the new economics of competition. *Harvard Business Review*，1998（11）：26 – 30.
④ 仇保兴：《小企业集群研究》，复旦大学出版社 1999 年版。
⑤ 王缉慈：《创新的空间：企业集群与区域发展》，北京大学出版社 2003 年版。

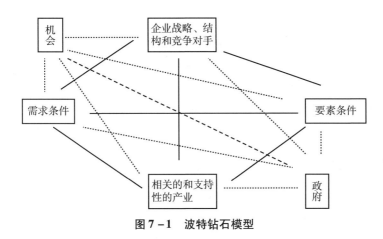

图7-1　波特钻石模型

产业集群有空间集聚性、产业关联性、社会网络化、企业植根性这些特性。

空间集聚性：产业集群是一种大量企业、产业在某一特定地理区域内聚集的经济过程或现象，这是产业集群的外在表现形式，也是首要的基本特征。

产业关联性：大量的工业园区的实践证明，单纯的企业在地理上的扎堆并不必然导致合作与竞争关系。大量彼此间有很强的专业分工与合作关系的企业的空间聚集，加之长期所形成的相互信任的产业文化，减少了群内企业间的不确定性，降低了集群内企业的交易费用，才使区域实现了规模经济和范围经济。

社会网络化：产业集群是一种产业网络体系，这种网络结构包括园区企业与企业间、企业与地方政府间、企业与各类中介服务组织间的联系，这种协作关系网络对提高产业集群竞争力具有重要的意义。

企业植根性：集群内企业不仅仅是地理上靠近，更重要的是其具有很强的本地联系，这种联系不仅是经济上的，还包括政治、社会、文化等各方面。

二、产业集群推动智造强省建设的必要性

（一）工业化后期加快发展的客观要求

东北振兴看辽宁，辽宁振兴看工业，工业发展对东北振兴举足轻重，工

业发展不但推动工业本身的规模壮大，而且带动现代农业、现代服务业发展，推动结构优化升级。从工业化发展进程看，目前辽宁已经进入工业化后期，"十四五"时期将是工业冲刺的关键期。工业是辽宁的优势和基础，国内外的经济环境尤其是市场需求环境也有利于辽宁实施工业冲刺。关键是如何整合资源、积聚各方力量实现工业冲刺。产业集群正是整合资源、实现高效集约发展的有效方式。

（二）经济发展新阶段的客观体现

辽宁省正处于经济转型和二次振兴的关键时期，产业集群成为促进区域经济发展的重要组织模式。辽宁作为老工业基地，制造业一直是传统优势产业。制造业是实体经济的主体，是推动经济长期稳定增长的核心引擎。辽宁作为新中国工业的摇篮，是全国重要的装备制造业基地和原材料工业基地，工业门类齐全、产业基础雄厚，创造了多个新中国工业发展史上的第一，诞生了一批大国重器。辽宁制造业包括装备制造业的 7 大行业在国内和国际都形成了一定的知名度，如轻型客车、数控机床等。在装备制造业的 7 大行业、46 个中类、178 个小类产品中，辽宁基本都位居全国前列。

（三）区域发展战略深化的必然要求

制造业集群化是产业发展的必然规律，其发展水平表现了一个国家或地区的产业发展水平和竞争力。产业集群是某一特定产业领域内相互关联的企业和机构聚集在某一地理区域内所形成的群体，体现出产业链条完备、集约化程度高、生产成本低、专业分工明确等优势，是工业化发展到一定阶段的必然产物，已成为当今世界产业发展的主导模式和普遍形态。目前，辽宁产业集群正朝着发展速度加快、规模不断提升、产业链条不断延伸、地区布局不断优化、吸纳就业能力不断增强的方向发展。但是能支撑地方经济发展的集群数量仍然偏少，尚未形成优势产业集群。在产业集群由萌发成长进入催化形变的关键阶段，有必要将其纳入辽宁经济社会发展的总体战略，采取超常规举措。实现工业产业集群大发展，是以增量带动结构优化的关键，是一大区域竞相发展的实质内容，是实现创新驱动的有效载体。确立工业产业集群发展战略，工业产业集群发展战略是辽宁总体发展战略的深化和发展，有利于实现科学发展、创新发展、和谐发展，加快实现辽宁全面振兴。

三、辽宁智能制造产业集群的发展态势

（一）集群发展初具规模

辽宁省的优势产业主要有：船舶制造、轴承制造、电真空器件、冶金工业机械、风动工具、铁路器材、风机、微电机、机床、铁路信号设备、客车制造、矿山设备、冷冻设备密封元件、化工专用设备、电动机、海洋运输船舶、电容器、光学仪器及其他电子设备、铁路运输设备与金属制品等（见表7-1）。

表7-1　　　　　　　　　辽宁省各地区产业分布情况

所在区域	涉及产业	典型企业	主要产品
沈阳地区	汽车及零部件、机器人自动化、装备制造、电子信息、化工医药、农产品	华晨汽车、终生集团、新松集团、金杯、沈飞、沈阳机床、东软集团等	轻型客车、汽车发动机、机器人、数控机床、石化冶矿装备、医疗机械等
大连地区	国际航运、石化、电子信息和软件、先进装备制造、造船	大显集团、环嘉集团、华录集团、大连重工、大连机床等	数字化视听、数控机床、石化通用设备、大型油轮、轴承等
鞍山地区	钢铁、先进装备制造、纺织矿产品加工	鞍钢、金堡纺织、衡业集团、海诺集团、四隆集团、辽宁东方巨业等	汽车和家电用钢、冷轧硅钢、特种矿山设备、高档纺织品、镁砂制品、玉石制品等
锦州地区	石化、新材料、农产品加工、机械装备制造	中油锦州分公司、万得集团、新日硅等	石化产品、石英玻璃、太阳能电池单晶硅产品等
营口地区	新材料、轻纺工业、冶金、石化、建材	营口硼矿、华福印染、营口纺织有限公司等	电熔镁砂、纺织品、乙烯等
盘锦地区	油气采掘、石化、新型建材等	辽宁石化分公司、长江龙集团特种机械、盘锦北方沥青燃料有限公司等	沥青、氮肥、工业特种油漆、新材料零部件、环烷基润滑油等
辽阳地区	化工化纤塑料、冶金和有色金属加工、装备制造零部件配套	辽阳石化分公司、辽阳石油化纤公司、辽阳钢铁、通达建材公司	高精度铜板带材、混凝土搅拌设备等

所在区域	涉及产业	典型企业	主要产品
丹东地区	机电设备及仪器仪表、电子信息、纺织、食品材料	丹东金龙稀土、丹东恒星化工、东方测控等	车桥、曲轴、整流器、环保设备、精品丝绸等
抚顺地区	石油化工和精细化工、冶金、机电	抚顺石化、辽宁抚顺特钢等	合成树脂产品、化纤产品、纳米材料、优质铝板、轴承钢等
铁岭地区	能源、新建筑材料、机械加工制造	铁岭精工机械、铁岭阀门厂、铁岭市橡胶厂等	汽车橡胶产品、仪器仪表、机械产品等
本溪地区	冶金、建材、化工、现代中药、钢铁加工	本钢、北方化工、北方曲轴、腾飞精细化工等	高档家电板、镀锌板、新型化工品、机械器材及配件、新型管材管件等
朝阳地区	食品、纺织、建材建机	朝阳纺织厂、朝阳重型、东风朝阳柴油机等	柴油机、汽车底盘、乳制品、干鲜果蔬等
葫芦岛地区	石化、有色金属、精细化工、能源、船舶机械	葫芦岛有色金属、渤海船舶重工、葫芦岛铝业等	无机化工、合成树脂、电解铜、船舶等
阜新地区	能源、机械、农产品深加工	阜新矿业集团、阜橡公司等	矿产资源综合利用、子午线轮胎、橡胶制品等

资料来源：根据《辽宁统计年鉴 2020》整理。

辽宁省的产业集群发展在全国范围内处于较为靠前的地位，随着工业产业集群建设的加快推进，涌现出了一批规模较大、综合实力较强、辐射带动作用较大的产业集群（见表 7-2），国家发改委将大连信息技术服务、智能制造列入 66 个战略性新兴产业集群名单。在最新发布的创新型产业集群试点名单（61 个）中，本溪制药创新型产业集群、辽宁激光创新型产业集群、大连高端工业软件创新型产业集群、沈阳生物医药和健康医疗创新型产业集群成功入选。2021 年，辽宁营口高新区生物降解材料及制品创新型产业集群入选创新型产业集群试点（培育）名单，对加强发展创新型产业集群，对于提高工业核心竞争力，推进创新型省份建设具有重大意义。

表 7 - 2　　　　　　　2021 年辽宁省主要产业集群发展情况

1. 辽宁小粒花生产业集群	2. 辽宁白羽肉鸡产业集群
3. 沈阳生物医药和健康医疗创新型产业集群	4. 大连高端工业软件创新型产业集群
5. 辽宁激光创新型产业集群	6. 本溪制药创新型产业集群
7. 大连市信息技术服务产业集群	8. 大连市智能制造产业集群
9. 沈阳市中国机床及机械产业集群	10. 大连市中国装备制造产业集群
11. 沈阳铁西装备制造产业集群	12. 大连湾临海重大装备产业集群
13. 北票粉末冶金产业集群	14. 台安装备制造产业集群
15. 朝阳新能源电器产业集群	16. 瓦房店轴承产业集群
17. 丹东仪器仪表产业集群	18. 海城纺织产业集群
19. 登沙河精品钢材产业集群	20. 东陵自动识别产业集群
21. 马三家泵业产业集群	22. 铁西铸锻产业集群
23. 康平纺织产业集群	24. 东陵动漫产业集群
25. 辽中有色金属加工产业集群	26. 新民灯饰灯具电光源产业集群
27. 法库轻工家电产业集群	28. 康平农产品加工产业集群
29. 于洪环北食品加工产业集群	30. 沈北光电信息产业集群
31. 铁西模具及压铸件产业集群	32. 铁西化工产业集群
33. 十家子玛瑙产业集群	34. 辽宁汽车产业集群
35. 大连长兴岛临港工业区产业集群	36. 大连软件和信息技术服务产业集群

资料来源：根据辽宁省工信委官方网站整理。

（二）呈现"综合化""多元化""系统化"

"十四五"时期地方培育发展产业集群呈三大态势。首先，集群发展目标呈现"综合化"，先进制造业集群和战略性新兴产业集群助推产业全面"集群式"发展。"十四五"规划纲要明确提出要培育先进制造业集群，深入推进国家战略性新兴产业集群发展工程，辽宁、黑龙江提出培育形成"先进制造业集群"。其次，集群发展方向追求"多元化"，在资源禀赋、产业基础和未来发展的综合考量中，新兴产业集群崛起与传统产业集群转型并行推进拥有良好的产业实力和市场潜力，是各地培育集群的基础。最后，集群发展路径"系统化"，产业链融通与空间协同发展应是未来发展的重中之重，基于产业链某一环节或上下游的大量企业集聚与互动发展，是产业集群发展的基础。抓集群发展，重点应抓产业链。

（三）产业集群已成为智能制造发展的重要载体

目前国内产业集群的总体水平还有大量的提升空间，在政务管理、企业服务、生产制造、基础设施等方面还不能有效地利用先进的信息化技术，制造、服务、创新、互联和集成的数字化水平不高，很多集群企业在提供智能化生产与服务商还有待进步。集群是中小企业生产网络和创新网络存在的重要载体，是创新、创业、资源整合的重要平台，是中小企业集聚发展、互联互通的重要支撑。产业集群要发挥其强劲、持续的竞争优势，成为智能制造技术创新的重要载体，成为提高资源配置效率的重要抓手。

（四）数字化和网络化趋势进一步增强

数字化技术本身就具有网络化、贯穿性的特征，并正在沿着产业链不断走向贯通融合，随着行业的发展，越来越多的企业开始实现全产业链发展，建立生产、加工、销售一体化模式，促进产业规模化、标准化、集约化发展，形成稳定的生产基地。产业集群通过互联互通实现网络效应，借助信息化平台实现企业、研发机构、高校之间的互联互通，企业可以借助智能装备和技术实现用户之间的互联互通。智能制造企业也不断实现群体效应，不断建立新的基础设施、打造新的服务平台、营造新的生态环境、提供有力的政策保障。

四、辽宁产业集群发展的不足

（一）产业链和供应链完整性差

辽宁省智能制造产业集群集中度不够，产业大多是简单的地理、空间上的聚集，上下游企业间的联系并不密切，此外，专业化水平较低，企业忽视整体统筹协调发展，过度注重自身利益，不利于长远发展。辽宁省智能制造产业集群的资源配置也存在不足，其一是辽宁省的工业发展习惯以密集劳动力的方式来获得经济的增长，但实践表明这种方式与高端智能制造产业集群的发展理念相冲突。其二是辽宁省高水平智能制造产业的内在机制不完善，没有形成以主机制造厂为核心、上下延伸的强大产业链，这种产业组织结构的不合理给辽宁省高水平智能制造产业集群的发展造成了阻碍。除了装备制造和汽车行业稳步发展外，其他行业规模较小，增长乏力，经济效应和竞争力难以提高。同时，还存在市场培育不够，推广应用高端制造产品的基础设施不完善，一些技术产品仅在实验室小规模生产，无法实现产业化和市场化。

（二）自主创新能力不强

对于许多重大技术装备、重要领域发展所需要的大量高技术、高附加值的成套装备，辽宁省尚不具备研究开发与制造能力，不得不依靠进口解决，而且依存度还不断提高。这归结于辽宁省高新技术的自主创新能力不强。纵观世界，拥有较强自主研发与创新能力的企业一般是按照技术引进、技术吸收、技术再创新的路径发展其产业，辽宁省智能制造产业只注重技术引进，在技术消化和吸收方面能力不足，由此就会出现从外地引进的技术过多，但是本地又无法将引进来的技术全部吸收并再创新，便会陷入"引进—落后—再引进—再落后"的技术追赶陷阱，不利于辽宁省高水平智能制造产业集群的发展。

（三）新兴领域集群的发展不充分

从产业角度分析，辽宁省的优势产业大多是资源型产业，凭借较好的工业基础，形成产业的空间集聚。而广东、江苏、浙江、山东等省份集聚度较高，产业多是新兴机电行业（电气机械及器材制造业、电子及通信设备制造业）、传统的轻纺工业（如纺织业、食品加工业）以及化学工业等。从集聚程度分析：集聚程度较高的广东省的集聚度远远高于辽宁省，与这些省份相比，辽宁省的产业集群的发展速度仍未有明显的提高。由于历史因素及自身资源条件所决定的产业结构与集聚行业密切相关，发展较好的行业基本都是资源型的产业，新兴行业集群的发展体现得不明显。

（四）城市群与产业群互动不紧密

在新发展格局下，城市群成为产业集群发展的重要空间载体，其综合发展水平是产业集群发展的重要支撑。课题组构建了包含"经济""生活宜居""发展潜力"三大指标在内的城市群综合发展指数，并基于2015～2019年的时间序列进行测度，辽中南城市群排名相对靠后（在14个城市群中居于第11位），特别是与排名前五的城市群相比，其经济和发展潜力方面更是短板。

（五）传统产业集群的升级改造难度较大

辽宁是国家在"一五"时期集中力量建立起来的以化工、钢铁、机械为主的重化工业基地，产业结构以原材料开采、粗加工为主，对资源的依赖性较大。直到目前为止，冶金、机械、石化三大产业始终居于辽宁支柱产业的位置。由于长期搞资源开发和初加工，辽宁经济形成了以初加工产品多、中间产品多、最终产品少、高附加值产品少的生产格局。低度化的产业结构必然形成低水平的产业集群。高新技术产业集群与制造业集群的联系不够紧密，对传统产业带动力不足，不利于传统产业集群的升级改造。

五、以产业集群推动智造强省建设的重点方向

当前，在新一轮经济振兴中，辽宁发展智能制造产业集群具有良好基础和宝贵机遇，同时也面临亟待解决的问题和严峻挑战。下一步，可从以下几方面着手：

（一）优化体制环境，增强产业集群发展信心

深化改革力度，优化实体经济发展营商环境，降低成本，为企业减税降负，提振企业发展信心。大力推动混合所有制经济的发展，特别是支持民营经济的发展，增强市场的主体活力。首先，要强化信用体系建设，打造和维护集群诚信。尤其要从全省重点工程和政府采购领域入手，推行企业信用报告制度，建立信用信息平台。要逐步建立信用奖惩联动机制，整合金融类和非金融类信用信息，形成政策合力。实现工商、税务、质监、人力资源与社会保障、人民法院等信用数据平台与银行信贷征信系统的共享对接。其次，在政府适度管制的基础上，需要社会自组织系统，尤其是各种商会、行业协会等现代社团发挥自我规范、自我约束作用。从建立有限政府的角度出发，

结合政府职能转换，应鼓励社会组织承接政府转移的职能，搭建政府与社会沟通的平台。

（二）加强与国家战略对接，深度融入"一带五基地"建设

"一带五基地"是辽宁实现全面振兴的重要战略安排，组建"五大基地"工程中心更是辽宁开全国之先河的创新之举。辽宁应抓住难得的机遇，持续发力建设具有国际竞争力的先进装备制造业基地、重大技术装备战略基地和国家新型原材料基地。提升自主研发能力，聚焦智能化、高端化、成套化发展；突破关键核心技术，加快重点领域改革；加速新材料产业发展，聚焦高端化、绿色化和智能化发展。

（1）依托辽宁省整车企业良好的基础，重点布局四大汽车产业基地。沈阳汽车产业基地：集聚沈阳大东汽车产业集群、沈阳经济技术开发区汽车产业集群、铁岭专用车产业集群、辽阳汽车及零部件产业集群等产业优势，以及华晨汽车、华晨宝马等整车企业的技术优势、品牌影响力和市场占有率，形成整车和零部件配套企业密切合作的产业链条，把沈阳建设成为我国重要的汽车产业基地。大连汽车及零部件产业基地：要利用"整零"企业的技术优势，实现整车和高端零部件协同发展；发挥产业优势，重点发展新能源客车、高端专用车等产品；利用沿海临港的条件，完善进出口汽车交易、展示功能，把大连建设成为辽宁重要的汽车进出口基地。丹东汽车及零部件产业基地：要发挥曙光汽车集团在城市客车、新能源客车等领域的品牌优势和零部件配套基础，重点发展纯电动、混合动力（含增程式）大中型客车、车桥、增压器、差速器等产品，打造节能与新能源客车产业基地。朝阳汽车及零部件产业基地：依托航天凌河、一汽凌源商用车整车资质，加大研发投入，开发市场需求的新车型，依靠汽车产业基础，重点发展卡车、新能源物流车、高端专用车、高效柴油发动机、新能源汽车动力电池等产品，培育商用车龙头企业，完善零部件配套企业。

（2）探索推进制造氢燃料电池汽车。辽宁正处在汽车产业转型升级的重要机遇期，主要途径就是发展新能源汽车，氢燃料电池汽车是其中之一。东北地区的高寒气候比较适合氢燃料电池汽车使用。辽宁除了拥有多个汽车整车厂和强大的汽车产业链外，还有研制、生产氢燃料电池和发动机的高端企业，有合格的制氢、储氢、运氢企业和气瓶生产厂，完全具备制造氢燃料

电池汽车的能力。位于葫芦岛的佳华新能源有限公司与美国 OVONIC 科学家团队、北京有色金属研究总院、太空科技南方研究院合作攻关，研制出了国内装配有低压合金储氢及加氢系统的首台 9 米长公交车。其燃料电池从美国进口，车由广东生产，该公司想与新源动力股份有限公司合作，使用第三代燃料电池和发动机。此外，该公司也想与辽宁省内的整车厂合作，生产公交车，政府和相关部门可考虑积极协调推进。

（三）以市场需求为导向，打造消费品产业集群

发展产业集群，既要立足当地的资源条件，更要从市场需求出发，争取直接面对终端消费市场。这有助于扭转辽宁产品多是中间产品因而无法迅速适应消费市场的局面，是扭转辽宁产业"尾巴短"问题的主要突破口，更是实现结构调整的关键举措。这要求我们把握国内外消费结构的变化趋势。随着工业化、城市化进程加快，城市基础设施建设高涨，房地产业、家居用品业需求上涨。因此，发展满足这些新型消费需求的产业集群（比如法库陶瓷集群），以市场引领集群发展，找到投资与消费的结合点，将是一个重要的方向。下一步，应注意在产业链的末端寻找发展机会，既能拉长产业链，也能提高附加值，提高利润率。要在充分利用装备制造、冶金、石化等传统优势产业方面下功夫，打造直接面向终端消费的产业，紧跟消费需求的变化。

（四）以强化城市群和产业群互动为方向，优化产业集群的区域布局

完善智能制造区域政策和空间布局，建立更加有效的区域协调发展机制，发挥各地比较优势，突出沈阳、大连在全省智能制造产业中的牵动作用，加强沈阳、大连协调联动，促进各类要素合理流动和高效集聚，形成以沈阳、大连"双核"为牵引的"一圈一带两区"区域发展格局（"一圈"即沈阳现代化都市圈，"一带"即辽宁沿海经济带，"两区"即辽西融入京津冀协同发展战略先导区和辽东绿色经济区）。推动"一圈""一带""两区"在智能制造发展的区域互补、融合联动，构建高质量发展的板块支撑和动力系统。特别是结合辽中南城市群中的沈阳—大连—鞍山三个城市为核心，大力发展智能制造产业集群。依托优势产业促进城市群和产业群良性互动。例如，建立轨道交通大连产业集群，依托中车大连机车研究所有限公司、中车大连电力牵引研发中心有限公司已经完成至旅顺的搬迁，中车大连

机车车辆有限公司正在搬迁当中。应对标湖南省、山东省产业群建设，建立轨道交通大连产业集群，由中车大连机车车辆有限公司作为产业集群中的工业主体，政府作为集群内配套牵头单位，在集群内建立优质医院、中小学等社会配套机构，吸引人才、留住人才、培养人才，最终助推辽宁省经济发展。

（五）发展创新型产业集群，推进新旧动能转换

创新型产业集群作为符合国家战略导向、满足地方实际需求和保持产业竞争优势的组织形态，助推新旧动能转换，促进我国产业迈向全球价值链中高端。针对创新型产业集群现状进行分析，通过创新效率评价，为战略性新兴产业集聚发展和效能提升提供政策建议。创新型产业集群利用区位优势吸引相关企业集聚，而创新型企业与高校、科研院校相互吸引促进发展（陈松洲，2015）[1]，依托科技创业服务中心、创业基地、大学科技园、留学生创业园等国家级科技企业孵化器，保障中小型创新企业的创新成果，优化创新资源，完善战略性新兴产业的企业培育服务体系。

第三节 推动智造强省建设的人才高地战略

2021 年 9 月 27 日至 28 日，中央人才工作会议在北京召开。中共中央总书记、国家主席、中央军委主席习近平出席会议并发表重要讲话，提出要坚持党管人才，坚持面向世界科技前沿、面向经济主战场、面向国家重大需求、面向人民生命健康，深入实施新时代人才强国战略，全方位培养、引进、用好人才，加快建设世界重要人才中心和创新高地，为 2035 年基本实现社会主义现代化提供人才支撑，为 2050 年全面建成社会主义现代化强国打好人才基础[2]。进入新时代，东北地区老龄化与少子化的人口结构不仅对人口结构与消费结构产生极大影响，对未来科技创新发展、科技创新能力提升也带来一定的威胁。"十四五"时期是我国全面建成小康社会、实现第一个百年奋斗目标之后，乘势而上开启全面建设社会主义现代化国家新征程、

① 陈松洲：《创新型产业集群的形成机理及政府作用探析》，载《东莞理工学院学报》2015 年第 6 期。
② 石伟、夏淼：《做好新时代人才工作》，光明网，2021 年 4 月 15 日。

向第二个百年奋斗目标进军的第一个五年。在这一新起点上，党中央明确了科技强国建设目标，把科技创新摆在国家发展全局的核心位置，强调创新是建设现代化经济体系的战略支撑，创新型国家建设成为新时代中国科技发展的战略目标。人才作为先进生产力的开拓者，是创新活动中最活跃、最积极的因素，了解人才发展形势，把握当前所面临的发展机遇，积极应对所面临的风险挑战，对于推动人才创新发展，引领国家、东北地区高质量发展具有重要意义。随着5G、人工智能、工业互联网、大数据、云计算的发展，新技术突飞猛进，智能建造复合型人才的需求更加旺盛。2021年3月23日，《智能制造领域人才需求预测报告》（以下简称《报告》）作为工业和信息化重点领域人才需求预测系列报告之一，预测到2025年，智能制造工程技术人员缺口数量将接近100万人。《报告》界定智能制造人才的研究范畴，重点研究智能制造产业链中智能制造装备、智能生产、智能服务三个环节的工程技术人员和技能人员。辽宁省在智能制造发展中应重视人才的引进与培养，加快辽宁智造强省建设，造就一支规模宏大、结构合理、素质优良的人才队伍，为制造业发展注入智慧力量。

一、辽宁省智能制造人才发展现状

（一）智造企业具有智能制造转型升级的广阔空间，引进高端人才初具成效

辽宁拥有7 000多家规模以上工业企业，最早在全国建立起独立完整的工业体系，装备制造、冶金、石油化工等战略性产业在辽宁省集聚。辽宁省有很多企业急需插上"智慧翅膀"，具有智能制造转型升级的广阔空间，为高端人才团队开展关键核心技术和共性技术研究，提供了庞大的应用场景，为高端人才团队能力的发挥提供了广阔的平台。2021年，辽宁省以"揭榜挂帅"方式面向全国张榜，发布了73项科技攻关项目榜单，截至2021年8月底，已经有67个项目达成合作意向，吸引聚集了100余名省外专家参与技术突破，解决技术难题[①]。此外，辽宁省实施"项目＋团队"的"带土移

---

① 《关于发布2021年辽宁省首批"揭榜挂帅"》，载《辽宁省科技技术厅》2021年3月2日。

植"工程，通过"招才引智"和"招商引资"方式吸引高端人才团队和高技术产业化项目来辽落户。截至2021年8月中旬，辽宁省已经吸引"带土移植"项目216项，其中包含技术攻关类161项，创办企业类55项，为智造强省的发展筑牢根基①。

（二）研发人员规模不断增加，教育资源丰富

2020年末，辽宁省拥有从事科学研究与试验发展人员15.9万人，人才存量雄厚。2005～2019年，辽宁省研究与实验发展折合全时人员从6.7万人年波动增加到10万人年，增加了49.25%。2019年，辽宁规模以上工业企业研发人员全时当量52 104人年，占全国比例为1.65%，位列全国第15位。研发人才队伍在波折上升，为辽宁智造强省建设提供了有力的支撑（见图7－2）。

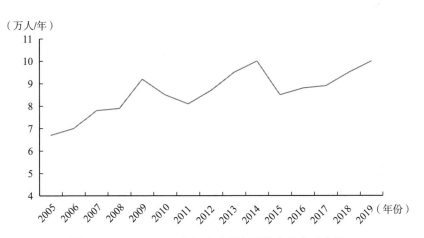

图7－2 2005～2019年辽宁省历年研发人员全时当量

资料来源：2006～2020年《辽宁统计年鉴》。

辽宁省科教资源丰富，2020年，全省共有普通高等学校114所，其中"双一流"高校4所，研究生培养机构45个，拥有中科院所属科研院所6个，国家级高新区8个，国家工程技术研究中心12个，国家工程研

① 《我省通过"双招双引""揭榜挂帅"吸引高端人才团队216个"带土移植"项目入库》，载《辽宁日报》2021年8月31日。

究中心 16 家①。2005～2019 年，辽宁省本科及以上学历理工科毕业生数量整体呈稳定增长态势，从 45 658 人增长到 88 035 人，增长了 92.81%（见图 7 - 3）。数量庞大的毕业生奔赴向制造业各个岗位，为智造强省建设贡献力量。

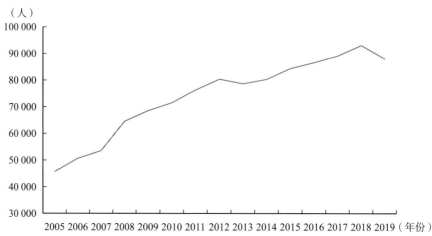

图 7 - 3 2005～2019 年辽宁省历年本科及以上学历理工科毕业生数量

资料来源：2006～2020 年《辽宁统计年鉴》。

（三）智能制造人才需求呈时间线性趋势，未来五年需求量不断攀升

对辽宁智造强省的人才需求进行预测，节选数据源于 2006～2020 年《辽宁统计年鉴》，鉴于数据的可得性与完整性，指标选取研究与试验发展折合全时人员。由于 2000～2019 年辽宁省研究与试验发展折合全时人员变化具有线性时间趋势，且无季节变化，因此选择二次指数平滑法进行预测。

依据残差平方和最小的原则，选取平滑系数为 0.3160，如图 7 - 4 所示，预测结果显示，辽宁智造强省 2025 年需要研发人才 10.801 万人年。2022～2025 年辽宁智造强省每年人才需求预测结果如表 7 - 3 所示。

---

① 《2020 年辽宁省高校资源盘点》，中国教育在线网，2020 年 3 月 23 日。

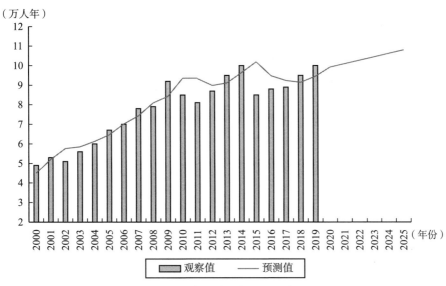

图7-4 辽宁智造强省人才需求预测

资料来源：2006～2020年《辽宁统计年鉴》。

表7-3　　　　　　　　　　辽宁智造强省人才需求预测　　　　　　单位：万人年

年份	观察值	预测值
2000	4.9	4.496
2001	5.3	5.208
2002	5.1	5.763
2003	5.6	5.850
2004	6	6.132
2005	6.7	6.463
2006	7	7.014
2007	7.8	7.431
2008	7.9	8.088
2009	9.2	8.430
2010	8.5	9.359
2011	8.1	9.335
2012	8.7	8.988

年份	观察值	预测值
2013	9.5	9.116
2014	10	9.640
2015	8.5	10.187
2016	8.8	9.476
2017	8.9	9.236
2018	9.5	9.143
2019	10	9.455
2020		9.921
2021		10.097
2022		10.273
2023		10.449
2024		10.625
2025		10.801

二、辽宁智造强省人才队伍建设存在问题

(一) 人才结构性矛盾突出

辽宁制造业人才结构性过剩与短缺并存。辽宁要通过数字化赋能推动制造业高质量发展，辽宁省虽然已有大量制造业从业人员，然而受过专业化训练的高素质技术人才缺口很大，还面临着艰巨的传统制造业人才素质提高和转岗任务。此外，辽宁省国际化高端人才和大国工匠紧缺，人工智能、智能制造技术领域人才不足，支撑制造业转型升级能力欠缺。

(二) 产教融合不够深入

在人才培养方面，辽宁省现行职业教育体系培养的学生不能满足制造业专业人才队伍的需求。制造业人才培养与企业实际需求脱节，人才培养与智造强省产业对接滞后，产教融合不够深入，教师与企业人才之间的双向流动

不畅，工程教育实践环节薄弱，新兴技术和工艺没有较好融入制造业人才培养过程①。

（三）技能人才待遇落后

目前，技能工作"低人一等"的偏见、职业教育有"天花板"的担忧，依然存在于很多人的认识当中②。当下，辽宁省制造业技术技能人才，尤其是生产一线职工的社会地位和待遇整体较低，工作环境落后，职业生涯发展通道不通畅，产业工人培训再教育投入总体不足。辽宁省技能人才发展的社会环境有待进一步改善。

三、智造强省的人才高地建设的重点方向

（一）实施"带土移植"，为智能制造发展提供源动力

围绕"数字辽宁，智造强省"发展战略目标，健全以需求为导向的人才引进机制，面向全球引进一批"高精尖"人才。对于国际人才，鼓励企业和科研机构设立短期流动性岗位，采用如"假日型""候鸟型"等多种柔性方式引进海外人才，聘用国际高层次科技人才开展合作研究③。此外，要努力打造"凤还巢"招才引智品牌，吸引辽宁省在外人才回归，充分发挥辽宁省人民建设辽沈大地的热情和活力。

结合辽宁优势领域，实施"带土移植"科技人才专项行动，以招商引资的方式开展"招才引智"系列活动，吸引高端人才团队和高技术产业化项目落户辽宁。健全"研发＋孵化＋产业"的发展模式，加快建设东北科技大市场，在辽宁省内布局一批孵化器、中试基地等载体，培育孵化产业集群。以沈大自主创新示范区、高新区为主阵地，引育雏鹰、瞪羚、独角兽企业，引导提升企业技术创新能力。

---

① 景安磊、钟秉林：《一流工程技术人才培养的形势、问题和路径》，载《国家教育行政学院学报》2020 年第 3 期。
② 《让更多技能人才脱颖而出》，载《人民日报》2021 年 5 月 13 日。
③ 郭哲、王晓阳：《美国的人才吸引战略及其启示》，载《科技管理研究》2019 年第 23 期。

（二）深入推动产教融合示范、校企合作的人才培养模式

产教融合是一种双赢模式，有利于提高职业教育的培养质量。应创新职业教育人才教育模式，建立产教融合、校企合作的人才培养模式，促进企业和高等学校成为人才培养的"双主体"①。鼓励高校与企业深入合作探讨相关专业人才培养方案的修订、课程教学改革和教材建设，更准确地了解企业对学生能力的需求②，增强学生的专业能力。对于一些新建职业院校，可将其布局在产业园区中，实现"人才地图"和"产业地图"同频绘制③。深化"引企入教"改革，支持引导企业深度参与职业学校、高等学校教育教学改革。支持校企合作开展生产性实习实训，鼓励企业直接接收学生实习实训。以企业为主体推进协同创新和成果转化，加快基础研究成果向产业技术转化。

根据城市产业布局和区域发展需求，建立学科专业布局随产业发展动态调整机制。在高职院校进行专业设置前，政府先统计企业需要什么专业的人才，将人才培养的"锚"定在企业最需要的地方，构建与区域产业紧密匹配的专业布局。为满足企业的实际需要，可通过"订单生产""校企合作办学"等模式，实现人才培养和智造强省的深度对接。面对智造强省的发展目标，要将传统工科进行信息化、智能化升级改造，将信息技术和人工智能等课程渗透到传统工科之中，培养更适合先进制造业的技能人才。

（三）实施人才素质培训提升工程，完善在岗人员发展路径

智能制造不仅体现为生产方式的转变，还表现在企业内部流程的再造以及企业管理的改革，因此也要加强对于企业管理者的培训（王媛媛、宗伟，2016）。企业要建立对现有职工的内部转岗、培养等基本培训机制，加速提升现有员工的基础技能、素质等。要采用更多的激励机制，激发和促进员工自身能力的提高，不断尊重和优化人才，为企业的创新发展建立强有力的人才队伍。可实施辽宁省制造业经营管理人才素质提升工程，培训企业管理者

---

① 《关于深化人才发展体制机制改革的意见》，载《辽宁日报》2021 年 8 月 31 日。
② 张建辉、高毅、郑易平：《制造强国背景下高校创新型人才培养路径》，载《江淮论坛》2021 年第 3 期。
③ 《培养更多高素质技术技能人才》，载《人民日报》2021 年 7 月 25 日。

掌握战略规划、资本运作、质量管理、流程管理、财会、法律等专业知识，推动辽宁制造业经营管理者整体素质在全国企业中处于领先水平。对于制造业学生的发展来说，实践教学环节非常重要。应改革职业教育制造业相关专业课程设置，转变工科学生的学习方式，加大教学实践课时比重，不断强化制造类专业学生实践能力培养。高校可通过各类教学工程实践平台，提升学生的实践能力以及所学知识的应用能力，打好工科学生的专业基本功。此外，要积极推进"办校进厂"，让学生深入企业参与实习，在实践中提高所培养的制造业学生的能力和水平，满足企业对技能人才的需求。

（四）强化激励、注重落实，创新人才内培外引体制机制

把高端人才队伍建设作为智能制造发展的重中之重，积极拓宽智能制造高层次人才引进、培养渠道，为海内外人才（团队）创新、创业营造优质服务环境；协同省内高校及社会培训机构建立面向中低端产业工人的技能提升教育与培训计划，促使智能制造高技能人才整体素质转变和创新意识增强，并逐步提升他们的社会地位和待遇；支持智能制造龙头企业和科研机构核心技术人才柔性工作，组建智能制造公共服务平台专家队伍，并提高科研人员成果转化收益比例，完善科技成果、知识产权归属和利益分享机制，全面激发科研人员的积极性和创造性。

（五）健全以需求为导向的人才引进机制，引进一批"高精尖"人才

围绕"数字辽宁，智造强省"发展战略目标，聚焦辽宁老工业基地全面、全方位振兴的重大科学技术领域，着力构建以需求为导向的人才引进和培养机制，在人才引进上，应突破现有人才引进的种种限制，以更加开放的心态、更加灵活的政策吸引人才。具体来说，一是立足辽宁在教育、医疗等公共服务方面的资源优势，为外引人才打造绿色通道，在就医、子女就学等方面，为高端人才提供全方面服务。二是采取多样灵活的用人方式，立足辽宁工业基础，在院士工作站、博士后流动站等传统英才方式基础上，探索挂职锻炼、项目合作等多种方式，拓展高端人才网络。三是着力打造集聚高端人才的平台载体。支持有实力的科研机构和企业设立海外研发中心，加强与国外科研机构和高等学校等组织的合作，吸引当地高层次人才从事研发活动，充分利用当地高层次创新人才为辽宁发展服务。

第四节　深入推动智造强省战略的战略举措

坚持立足省情、系统推进、分类遴选、动态调整的原则，推进场景创新、工厂示范和区域试点，遴选推广优秀智能场景，以"揭榜挂帅"方式推进细分行业智能制造示范工厂建设，鼓励有条件的地区创建智能制造先行区，构建"点线面"结合的试点示范体系，发挥先进典型带动作用，加速新技术、新装备、新模式推广应用。

到 2025 年，建设一批技术水平高、示范作用显著的智能制造示范工厂，培育若干智能制造先行区，凝练总结一批具有较高技术水平和推广应用价值的智能制造优秀场景，带动突破一批关键技术、装备、软件、标准和解决方案，推动智能制造标准的试点应用，探索形成具有行业区域特色的智能转型升级路径，开展大范围推广应用。

一、遴选一批智能制造优秀场景

围绕辽宁省装备制造类、集成电路、医药制造、轻工类、冶金和石化等重点优势行业，沈阳机床集团、东软医疗系统、锦州汉拿电机等企业，通过项目带动，引导更多企业建设智能生产线、数字化车间和智能工厂，在汽车、机床、石化、智能装备、家电、乳制品等领域培育一批智能制造典型企业，打造行业智能化模板提供标准和经验。通过实施智能化改造升级，带动提升企业的产品设计周期、劳动生产率、产品质量等方面，将智能制造涵盖企业研发设计、生产制造、营销服务、物流配送等全产业链的经营管理活动；推动智能制造装备产业园项目建设，为用户提供配套的智能制造装备和解决方案；项目依托工厂或车间，面向单个或多个制造环节，提炼关键需求，通过5G、工业互联网、大数据、人工智能、北斗系统等新一代信息技术与核心制造环节的深度融合，重点梳理凝练可复制、可推广的智能制造优秀场景。

二、建设一批智能制造示范工厂

聚焦原材料、装备制造、消费品、电子信息等领域的细分行业，围绕设计、生产、管理、服务等制造全流程，建设智能制造示范工厂，带动实现制造技术突破、工艺创新、场景集成和业务流程再造，发挥示范带动作用。

推进设计制造和生产管理的信息化改造。支持企业集成应用计算机辅助设计、制造工艺规划仿真技术等，建立数据采集分析系统和制造执行系统（MES），提升研发制造全过程信息化水平，推进企业数字化设计、装备智能化升级、工艺流程优化、精益生产、可视化管理、质量控制与追溯、智能物流等方面的快速提升。支持引导有基础、有条件的中小企业推进生产线自动化数字化改造升级。

推进生产装备的数控化、智能化改造。重点聚焦智能工厂、智能生产、统一标准工厂互联、制造服务化、供应链协同等重点领域，全面提升生产设施数字化水平、设备运行效能和产品创新能力。在数控机床、船舶、航空等高端装备领域，逐步实现统一通信标准的新型生产线，实现产品模块化设计、零部件智能生产、装配及检测智能化。鼓励支持大型装备制造企业搭建工业互联网平台，利用5G、互联网、大数据、人工智能等新技术手段，提供远程维护、故障预测、性能优化等服务，促进高端装备领域企业实现服务化延伸。围绕机械加工、食品、船舶、农机、建材等产业规模较大的重点行业领域，推进智能化、数字化技术及装备在关键环节的深度应用，不断提高生产装备和生产过程的智能化水平。对劳动力密集型、作业环境恶劣、高安全风险等行业企业，支持开展"机器换人"工程，通过机器人、自动化生产线、数控成套装备等集成应用，有效提高安全管理水平。

推进汽车行业智能制造应用。发挥辽宁汽车行业产业规模优势，以整车智能制造为牵引，带动动力电池、驱动电机和控制器等核心零部件企业同步提升智能制造能级，使汽车产业成为智能化转型升级的标杆行业；通过全数字化工厂建设、系统互联互通、数据价值驱动、制造服务转型、组织生态创新等新理念的引入和实践，深入推进物联网、大数据、工业云等技术的应用，开展数字化生产、网络化协同、个性化定制与服务化延伸的智能制造实践。

促进冶金、化工等材料行业智能制造应用。重点聚焦大数据应用创新、产业交易生态圈等，推动全产业链集成创新和服务制造化转变。在石化、冶金、新材料等流程型制造企业中，推动建立网络化协同平台，实现资产运营、生产管理、供应链协同优化及产品全生命周期管理。加强智能传感和实时数据采集、在线检测、远程监控与故障诊断系统的集成应用，提升企业在资源配置、工艺优化、过程控制、质量控制与溯源、能源需求侧管理、节能减排及安全生产等方面的智能化水平。

促进100人以上中小企业智能化改造。引导有基础、有条件的中小企业推进生产线或生产单元自动化改造，开展管理信息化和数字化升级试点应用。建立龙头企业引领带动中小企业推进自动化、信息化的发展机制，提升中小企业智能化水平。整合和利用现有制造资源，加快建立云制造服务平台，在线提供关键工业软件及各类模型库和制造能力外包服务，服务中小企业智能化发展。

三、支持形成一批智能制造先行区

支持产业特色鲜明、转型需求迫切、基础条件较好的区域创建智能制造先行区，完善政策体系，创新要素保障机制，加快新技术融合应用，构建完善区域智能制造发展生态，打造智能制造创新技术策源地、示范应用集聚区、关键装备和解决方案输出地。加快智能制造产业集聚化、规模化发展，促进智能制造产业链整合、配套分工和价值提升。围绕智能制造产业高端化发展方向，选择智能装备和关键零部件研发制造及智能制造系统集成与应用服务等较为集中的产业集聚地和产业园区，推动产业转型升级和两化深度融合，初步形成从数控机床、智能机器人到智能成套装备，从硬件、软件到信息技术集成服务的智能制造产业链。扶持基地内一批骨干企业发展。依托各地产业发展基础和优势，打造高端企业集聚、产业链条健全、服务功能完善的智能制造产业集群，培育建设一批在全国范围内具有较大影响力的智能制造示范基地。

四、积极搭建智能制造发展平台

建设一批智能制造创新平台。探索建立辽宁省智能制造创新中心，培育一批智能制造企业技术中心、工程研究中心和重点实验室等创新服务平台。充分发挥沈阳新松集团智慧园、华为云计算中心、中科院自动化所机器人与智能制造创新研究院等创新平台的作用，围绕重点领域智能制造重大需求，开展关键共性技术和核心技术研发，提高智能制造关键环节和重点领域的创新能力和科技成果产业化水平。开展智能化改造、智能产品研发、智能制造标准制定、智能制造人才培养等创新服务工作。

建设智能制造示范区和战略联盟。加快沈大国家自主创新示范区建设，向国家申请建立"中国工业4.0示范区"，加快开发全新的基于服务和实时保障的CPS平台。在大连建立中国CPS研究中心，在沈阳建立"工业4.0"产业化基地。建立全国性工业科学研究联盟，提出我国"工业4.0"战略方案。尽快成立由IT、电子、电气及设备装置生产厂商、研究单位、大专院校组成的工业智能制造战略平台，制定"工业4.0"发展纲要。辽宁可以率先打造基于"工业4.0"的智能城市、智能交通、智能楼宇和智能家庭系统。提供全面智能化解决方案，并输出知识、技术和经验。充分利用现有科技资源，联合产业链上下游，建立产学研用紧密合作的智能制造产业技术创新战略联盟，开展关键共性技术研究应用、智能制造标准制定和产业化应用示范，为联盟企业提供开放共享的技术信息服务。

统筹布局人工智能创新平台。谋划布局人工智能创新平台，强化对人工智能研发应用的基础支撑。人工智能开源软硬件基础平台重点建设支持知识推理、概率统计、深度学习等人工智能范式的统一计算框架平台，形成促进人工智能软件、硬件和智能云之间相互协同的生态链。群体智能服务平台重点建设基于互联网大规模协作的知识资源管理与开放式共享工具，形成面向产学研用创新环节的群智众创平台和服务环境。混合增强智能支撑平台重点建设支持大规模训练的异构实时计算引擎和新型计算集群，为复杂智能计算提供服务化、系统化平台和解决方案。自主无人系统支撑平台重点建设面向自主无人系统复杂环境下环境感知、自主协同控制、智能决策等人工智能共性核心技术的支撑系统，形成开放式、模块化、可重构的自主无人系统开发与试验环境。人工智能基础数据与安全检测平台重点建设面向人工智能的公共数据资源库、标准测试数据集、云服务平台等，形成人工智能算法与平台安全性测试评估的方法、技术、规范和工具集。

推进现有创新平台与智能制造融合对接。以沈大自主创新示范区、辽宁自贸区、国家高新技术开发区以及重点产业园区为依托，明确智能制造发展定位，把握发展重点和路径，努力构建东北亚智能制造装备产业大核心、大配套体系，提升信息网络、公共服务平台等基础设施水平，促进产业集聚区规范有序发展；大力推进沈阳、大连等地区率先实现优势产业智能转型，成为"中国制造 2025 城市试点示范"，带动其他地区加快自动化、数字化升级改造，逐步向智能化发展；大力实施智能制造试点示范。发挥国家智能制造示范项目引领示范作用。积极搭建省、市两级智能制造试点示范发展平台，支持制造业细分领域龙头企业、系统集成商、软件开发商、核心智能制造装备供应商、科研院校成立联合体，建立长效合作机制，开展智能制造各领域和环节试点示范，形成有效的经验和模式，并在相关行业移植、推广。

第八章 辽宁智造强省建设的对策建议

东北振兴战略实施以来，在党中央、国务院坚强领导下，辽宁老工业基地爬坡过坎、滚石上山、砥砺前行，稳步推进振兴发展，在经济增长、改革创新、结构调整、民生保障、环境保护等诸多领域取得显著成效。随着新科技革命的到来，制造业智能化发展的浪潮汹涌澎湃，互联网、大数据、云计算和人工智能蓬勃发展，数字化、智能化技术不断突破，为经济创新发展注入了新动能。近年来，各省市出台了一系列鼓励政策（见表8-1），在智能制造装备、关键核心技术、产业链的关键环节等方面加大投入力度，竞争形势日趋激烈。

表8-1 　　　　　重点区域近年智能制造装备行业相关配套政策

时间	省市	政策	主要内容
2020年5月	广东	《广东省工业和信息化厅关于省级制造业创新中心建设管理办法》	省级制造业创新中心应围绕战略性新兴产业等领域创新发展和重点行业转型升级的重大共性需求，以提升制造业技术创新能力为目标，储备一批核心技术知识产权，发展一批产业共性关键技术的研发应用基地
2019年7月	上海	《上海市智能制造行动计划（2019～2021年)》	到2021年，全市智能制造发展基础和支撑能力显著增强，5G、人工智能、互联网、大数据和制造业融合程度进一步深化，努力将本市打造成为全国智能制造引用新高地，推动长三角智能制造协同发展
2019年6月	浙江	《浙江数字化车间/智能工厂建设实施方案（2019～2022年)》	到2022年，全省智能制造发展基础和制造能力明显增强，智能制造新模式得到广泛推广应用，制造业智能制造水平显著提升，累计建成数字化车间/智能工厂500家以上，骨干企业装备数控化率达70%以上，机器联网率达50%以上

续表

时间	省市	政策	主要内容
2019 年 5 月	天津	《打造"双创"升级版若干措施的通知》	推动筹建天津智能制造系统解决方案供应商联盟、重大技术装备研发创新联盟。落实国家重大技术装备众创研发指引
2019 年 5 月	山东	《关于大力推进"现代优势产业集群＋人工智能"的指导意见》	面向重点产业高质量发展需求，大力发展深度感知、智慧决策、自动执行的高端智能装备和产品，加快建设高端装备行业创新平台，突破装备产业人工智能关键技术
2017 年 6 月	江苏	《江苏省"十三五"智能制造发展规划》	紧紧围绕国家关于智能制造总体战略部署，充分发挥产业基础雄厚、科教资源丰富的优势，加快推动智能制造发展，抢占制造业新一轮竞争制高点

　　辽宁应利用好制造业智能化改造的窗口期，抢抓数字经济发展新赛道带来的新机遇，加快推进数字辽宁、智造强省建设，奋力实现辽宁全面振兴、全方位振兴新突破。立足于本书对辽宁三篇"大文章"重点发展方向的锚定，依据对辽宁智造强省建设的战略思考，我们给出了推进辽宁智造强省建设的对策建议。

第一节　加强自主创新能力建设，提升智能制造发展新动能

　　第一，大力推进政产学研合作，加速辽宁智能智造关键技术突破进程。可借鉴无锡等城市经验，由政府建立产业技术研究院，通过与企业、高校和相关研究院所共同出资，建立市场化导向的产学研一体化公司，推动科研院所、高校和企业开展关键技术和产品研发，加强解决方案的测试验证和产业化推广。

　　第二，支持"揭榜挂帅"科技攻关项目向智能制造领域倾斜。聚焦5G、数控机床、工业机器人、工业互联网等关键技术领域和产业，完善以企业为主体的产学研协同创新机制，鼓励产学研联合攻克主要产业健康发展的核心基础部件和一批与产业安全密切相关的关键支撑技术，积极推动面向"原""老""新"三大重点行业领域的应用标准制定。

第三，推进创新研发平台建设，构建研发综合服务体系。推动重点高校、企业和科研院所建设一批具有国际水准的国家重点实验室、工程实验室和工程技术开发中心，并向社会开放服务。大力支持流程工业综合自动化国家重点实验室（东北大学）、高档数控机床国家重点实验室（沈阳机床）、机器人国家重点实验室（中国科学院沈阳自动化研究所）等现有国家级创新研发平台开展多种形式的研究与实验活动。

第四，充分发挥企业主体作用，完善工业设计载体。鼓励工业企业剥离设计服务，成立独立工业设计企业。支持大型工业企业设立互联网型工业设计机构，发展工业设计资源网上共享、网络协同设计、众包设计、虚拟仿真、3D（三维）在线打印等互联网工业设计新技术、新模式。开展工业设计创新示范试点，鼓励开展工业设计相关基础研究，支持工业设计在新材料、新技术、新工艺、新装备等方面应用，推动制定设计行业标准。积极申报国家工业设计奖，举办工业设计大赛和设计周活动，构建工业设计公共服务平台，加强工业设计成果与辽宁省"老""原""新"三字号产业对接。

第五，积极承接技术转移。完善承接技术转移转化、精准对接服务体系，培育发展技术经理人，建设技术转移专项支持资金，吸纳承接国内外重点高校、科研院所、企业的先进制造技术，提升产业链和供应链稳定性和自主可控能力，助力智造强省建设。重点面向日本、韩国、北京、上海、江苏和广东等国内外智能制造发展高地，鼓励引进一批世界500强企业在辽宁设立总部或区域总部、研发中心、智能制造基地等功能性机构。

第二节　加快产业集群培育，拓展智能制造发展新生态

第一，发展壮大智能制造产业集群。加快沈阳集成电路装备高新技术产业化基地、大连集成电路设计产业基地、朝阳半导体新材料研发生产基地、盘锦光电产业基地、锦州电子信息产业园等建设。重点依托中科院沈阳自动化研究所等平台资源，加快推进机器人未来城建设。积极推进区块链技术发展应用，建设全省区块链专业技术创新中心和创新平台、沈阳东北亚区块链总部基地、大连区块链产业园。充分利用沈抚改革创新示范区平台优势，以

发展"新字号"为方向，扶持大数据、智能制造等产业发展，重点建设东北大数据中心、大数据交易中心和健康医疗大数据产业园，支持机器人小镇和微电子产业园项目建设。

第二，提升本地产业链强韧度。推动机器人、数控机床等智能制造重点优势产业实施补链强链，积极发展自主可控安全高效的产业链供应链。围绕核心零部件、关键设备、原材料等配套需求，贯通上下游产业链条关键环节，提升企业本地配套能力。贯彻落实好"链长制"，在要素保障、市场拓展、政策协同等领域精准发力，扶持本地优势企业做大做强。制定专项政策，加大产业链、供应链招商力度，加快引进一批行业领军企业、隐形冠军企业和产业链关键核心企业。有效降低配套成本，提升本地配套率，提升产业集群的发展活力和内生增长动力。

第三，加强智能制造示范基地建设。围绕智能制造产业高端化发展方向，选择智能装备和关键零部件研发制造及智能制造系统集成与应用服务等较为集中的产业集聚地和产业园区，推动产业转型升级和两化深度融合，初步形成从数控机床、智能机器人到智能成套装备，从硬件、软件到信息技术集成服务的智能制造产业链，推动沈阳中德产业园创建工业互联网产业示范基地。发挥省市（区）各方优势，突出科技引领和创新驱动，突出龙头企业引领带动，扶持基地内一批骨干企业发展。依托各地产业发展基础和优势，打造高端企业集聚、产业链条健全、服务功能完善的智能制造产业集群。

第四，实施特色小镇创建培育工程。打造经济高水平发展的特色小镇，可使老百姓不用外出打工，在本地便可就业获得收入，也有利于带动第三产业发展，增强小镇的整体竞争力。鼓励乡镇充分发挥本地资源和已有产业基础的优势，确立自身未来产业发展方向，瞄向先进制造业，扬长避短地培育"一个小镇，一个行业"，打造若干功能健全、产业专精、机制灵活、环境优美的特色小镇，促进小镇发展方式优化升级，实现特色小镇可持续高质量专业化发展。特色小镇的发展应坚持政府引导、企业为主体、市场化运作，对特色小镇清单的管理应坚持动态调整原则，对于一些存在问题的特色小镇，要及时进行整改或退出。① 要立足小镇自身优势特色产业，统一公布每

---

① 国家发展改革委办公厅：《国家发展改革委办公厅关于公布特色小镇典型经验和警示案例的通知》，国家发展和改革委员会网站，2020 年 6 月 26 日。

个小镇的产业链招商引资清单，采取精准靶向招商，鼓励企业向与自身产业相关的特色小镇聚集。要加强小镇的协同配套发展，一方面要完善公共配套基础设施，为技术创新创造有利条件，依据自身产业定位积极主动承接相关产业转移，不断增强特色小镇产业集聚能力；另一方面要注重建设宜居生活环境，持续提升特色小镇人口吸引能力，从而将小镇打造为百姓安居、企业乐业的融合发展空间。通过特色小镇的建设，以微型产业集聚区为空间单元，形成若干个特色突出、集中度高、竞争力强的块状产业集群，实现块状经济在辽沈大地的广泛分布。

第三节　全面推进人才队伍建设，构筑智能制造发展新高地

第一，大力吸引外埠人才来辽兴业。支持各市制定并实施面向智能制造人才的专项优惠政策，加强各市之间的协调，避免"内卷化"的恶性竞争。加大急需紧缺高层次创新人才的引进力度，完善相关政策及配套措施，提升人才公共服务水平。深化人才发展体制机制改革，破除人才引进、培养、使用、评价、流动、激励等方面的体制机制障碍，实行更加积极、更加开放、更加有效的人才政策，实现人尽其才、才尽其用、用有所成，使辽宁成为各类人才创新创业的沃土。

第二，大力支持辽籍人才返辽兴业。激活各地各级各类高级中学的人才引进职能，充分挖掘东北育才中学、辽宁省实验中学、本溪高中、锦州中学等省内重点高中校友资源，通过举办校友创新创业大赛等活动联系优秀校友，建立健全"以校引才""以校招商"新模式。更好发挥各地辽宁商会联络人才、吸引人才的职能，建立智能制造领域重点人才名单，为人才返辽提供优惠和便利。

第三，大力引导在辽大学生留辽兴业。开展省直机关进校园活动，向大学生宣传辽宁人才政策、产业发展政策、创新创业政策，让在辽大学生更好地了解辽宁、喜爱辽宁，提升大学生毕业留辽意愿。重点引导智能制造领域专业大学毕业生留辽就业，在购房、子女入学、医疗保障等方面给予专项支持政策，解决人才的后顾之忧。

第四，加大智能制造人才培养力度。应加大智能制造人才培养力度，坚持内外"一碗水"端平，凡符合引进高端人才条件的省内智能制造人才和有关单位，一律同等享受引进人才所有待遇。对具有成长为两院院士潜力的高端人才，经认定后给予经费资助，重点培养。深入实施"兴辽英才计划"等重大人才工程，大力培养优秀中青年人才，给予创新创业种子资金支持。鼓励高校、职业技术学校设置智能制造专业和课程，培养智能制造专业人才。实施企业人才培训计划，开展智能制造新技术专题培训、现场观摩和系列对接活动，激发企业内生发展动力。

第四节　推进一批重点项目建设，释放智能制造发展新活力

第一，积极谋划"工业数字化"项目。面向重点行业，形成数字化转型系统解决方案，建设智能制造单元。积极发展新一代信息技术支撑的工业互联网，加快企业数据、业务和设备"上云"。到 2025 年，力争实现规模以上工业企业关键工序数控化率达到 80%，规模以上工业企业数字化研发设计工具普及率达到 95%。积极发展工业互联网，推进企业级、行业级、综合性平台建设，开展企业"上云用数赋智"专项行动，加快推动企业实现业务、数据和设备上云上平台。

第二，面向劳动密集型行业和企业，实施"机器人与人工智能+"改造计划。针对部分行业的劳动力密集、作业环境恶劣、流程和产能瓶颈、高安全风险等环节，采取"机器人与人工智能+"计划，重点以自动化生产线、"自动化生产线+工业机器人"等形式，分类组织实施专项计划。组织开展"一业一策"，围绕全省汽车、电子电气、机械加工、船舶制造、食品加工、医药制造等重点行业需求，确定若干细分行业，积极探索机器人商业推广和营运模式。发挥第三方机构集成服务作用，建立省市联动的"机器人应用"共同推进机制，为企业提供改造方案、设备采购、设备租赁、金融服务、技术支持、人才培训等服务。

第三，积极推动三大字号各重点行业实施新一轮智能化技术改造。据统计，近 3 年来，辽宁已有 109 个智能制造重点项目建设完成，通过智能化改

造，企业生产效率平均提升21.2%，运营成本平均降低15.6%。[①] 为进一步推进辽宁省智能制造发展，应尽早推动实施制造业新一轮智能化改造。鼓励引进高精度、高性能、自动化、智能化设备，加强制造过程控制。选择具有优势条件和基础的行业、企业，在集团管控、设计与制造集成、管控衔接、产供销一体、业务和财务衔接等领域，开展关键环节集成应用示范试点，推广重点行业数字化车间，建设智能工厂试点。完善各级监管部门和企业安全隐患排查治理体系，重点利用信息化技术实现安全隐患即时报备、分类分级管理、即改即销，实现隐患整改闭环管理。

第四，对关键智能装备和核心零部件进行重点支持。当前，辽宁在数控机床、工业机器人等领域具有强大的产业基础，优势明显（见附录）。应进一步巩固提升辽宁省在核心智能装备和产品、智能成套装备等领域的基础优势，围绕市场急需的装备和产品，重点发展工业机器人、高档数控机床、增材制造装备、智能传感与检测装备、智能物流与仓储装备等智能制造产业项目，加快攻克感知、控制、决策、执行等智能制造核心关键技术、提高嵌入式系统在智能装备领域的应用水平，培育一批在行业内具备影响力的智能装备和产品制造企业，形成以智能转型带动产业发展的良好态势。

第五节　加强财政资金支持力度，塑造智能制造发展新势能

第一，多措并举筹集资金支持制造强省建设。积极谋划发行智能制造领域新基建专项债券，重点支持智能制造产业园基础设施、三大字号重点行业的智能化技改升级等建设项目。研究并设立省级智能制造产业投资基金，引导和支持社会资金进入智能制造创业投资领域，重点支持重大智能装备和关键共性技术项目的研发和产业化，巩固和提升辽宁省在重点领域的优势地位。

第二，加大智能制造创新集群和人才集聚的激励强度。用好用足中央及地方的财税支持政策，加大对国家级研发机构政策的支持力度，重点在研发

---

① 王金海、胡婧怡：《科技创新，激发智造新动力》，载《人民日报》2021年7月12日。

体系建设、核心技术攻关、人才引进与培养等各方面给予全方面政策支持。加大对实施智能智造研发项目的投资支持力度，借鉴天津和青岛等地智能制造发展经验，对已经落户辽宁并组建科研团队、开展智能科技研发工作的国家级、省部级研发中心，提高一次性补助力度（例如天津 3 000 万元补助，青岛 2 000 万元补助）；对国家新一代人工智能创新发展试验区重大项目、智能制造平台建设等，对符合条件的项目、平台，按照项目总投资的比例提供资金支持（青岛补助 20%），对总投资 5 亿元以上的重大项目"一事一议"，对达到工信部行业规范条件的机器人企业和系统解决方案供应商给予一定奖励。

第三，加强政府财政资金引导。对初创期的智能制造中小企业，可发挥财政资金杠杆作用，通过市场机制引导社会资金投入，重点采取引导基金、母子基金等模式；对处于发展壮大期的智能制造中小企业，采取由政府投入部分引导资金，按市场化运作建立产业投资基金的模式，强化创新项目与创新资本的对接。① 加大对小微企业的支持力度，持续落实普惠性减税降费，进一步加大对小微企业的税收减免力度，提高小规模纳税人增值税起征点；对小微企业应纳税所得额不到 100 万元的部分，按一定比例减少征收所得税。②

第四，加强财政资金的运作效率。对承担省级及以上重大专项和关键共性技术攻关课题的企业，特别是对中小企业和"卡脖子"技术攻关及产业化项目给予支持；对获得国家财政资金支持的项目给予配套支持；对重点研发项目加大资金扶持。提高重大专项国家补助资金，避免企业在承担国家重大专项任务时占用其自身的运营资金，对于在技术研发方面有突破的企业，给予奖励或政策优惠。加强对科技创新的优惠力度，延续执行企业研发费用加计扣除 75% 政策，将制造业企业研发费用加计扣除比例提高至 100%，以激励企业加大研发投入。对先进制造业企业按月全额退还增值税增量留抵税额。③

---

① 成长春、陈晓峰：《江苏促进智能制造发展的基本思路与对策建议》，江苏智库网，2017 年 8 月 2 日。
② 吴锋：《前五个月财政收入稳步增长》，辽宁省财政厅网站，2021 年 6 月 21 日。
③ 吴锋：《收支运行平稳　经济恢复明显——上半年财政收支情况新闻发布会综述》，辽宁省财政厅网站，2021 年 7 月 23 日。

第六节　切实增强金融服务能力，凝聚智能
制造发展新合力

第一，增强金融服务智能制造主体功能。引导银行调整优化信贷结构，推动提高制造业中长期贷款和信用贷款所占比重，大幅增加小微企业信用贷款、首贷、无还本续贷，切实做到智能制造相关企业实际融资成本明显下降，贷款难度进一步降低。可对贷款利率实行 1 年期的"LPR＋50BP"的优惠利率上限，考虑财政部门第一年对"LPR－150BP"以下企业自主承担利息部分给予全额贴息，第二年给予不超过"LPR＋50BP"利率上限 50%的贴息，降低智能制造相关企业的贷款利息压力。[①]

第二，研究建立产融对接新模式。搭建政银企合作平台，引导和推动金融机构创新符合企业需求的产品和服务方式，向智能制造试点示范企业和项目倾斜。积极复制推广"园区集合贷"产品，由政府、科技园区等共同遴选企业客户，银行和担保机构对企业进行联动授信担保，实行"见贷即保"模式，同时银行视情况给予适当的贷款利率下浮优惠，不设置强制性实物抵质押条件等优惠条件，切实减轻企业负担。[②] 积极开展"政银担"进园区融资对接活动，促进各智能制造企业、银行机构和融资担保公司相互了解。[③]支持辽宁股权交易中心不断完善各项功能。建设全省统一的综合金融服务平台，推动金融与实体经济深度融合。

第三，拓宽融资渠道。深化金融供给侧结构性改革，围绕智造强省相关产业主体的金融需求，构建风险投资、银行信贷、债券市场、股票市场等金融服务支持体系。[④] 支持符合条件的智造强省相关企业上市或者挂牌融资，扩大直接融资规模。规范智造强省专项资金的使用，精准发力，择优立项，

① 吴锋：《我省创业担保贷款存量突破 80 亿元》，辽宁省财政厅网站，2021 年 7 月 8 日。
② 吴锋：《沈阳市财政局强化政银担合作推出"园区集合贷"助力实体经济高质量发展》，辽宁省财政厅网站，2021 年 7 月 29 日。
③ 辽宁省金融监管局：《省金融监管局组织开展"政银担"进园区融资对接活动》，辽宁省地方金融监督管理局网站，2021 年 8 月 31 日。
④ 辽宁省人民政府：《辽宁省国民经济和社会发展第十四个五年规划和二〇三五年远景目标纲要》，辽宁省人民政府门户网站，2021 年 3 月 30 日。

实现引导撬动作用。

第七节 提升基础设施供给水平，筑牢智能制造发展新基石

第一，加快数字基础设施建设。推进数字产业化和产业数字化，推动数字经济和实体经济深度融合，推进区块链技术发展应用，扩大工业互联网标识解析应用规模，培育具有较强影响力的数字产业集群。推进数字社会、数字政府建设，建设省域数据统一共享开放平台，有序开放基础公共数据资源，大力发展数据服务和资源交易，促进全社会数据资源流通，加快大数据、人工智能等政用、商用、民用发展。提升公共服务、社会治理等数字化智能化水平，提升智慧城市建设水平，加快辽宁"数字蝶变"。

第二，建立完善面向工业生产应用的信息化基础设施。加快光纤网、移动通信网和无线局域网的部署建设，统筹互联网交换中心、互联网数据中心、云计算中心等功能性基础设施布局，加快宽带应用支撑平台、宽带产品研发公共平台和宽带服务设施建设，实现信息网络宽带升级，提高企业宽带接入能力。全面推进三网融合，建成宽带、融合、泛在、安全的面向工业应用的信息网络。加快下一代互联网（IPV6）与物联网、大数据、云计算、移动通信网的集成创新，开展网络新技术现网试验和应用示范，提高全省面向工业应用网络服务能力。

第三，实施工业信息基础设施企业互联工程。在重点工业园区、产业集聚区建设 G 级网络出口带宽，逐步推进宽带网络"进企业、入车间、联设备、拓市场"。开展园区、企业的"网＋云＋端"工业信息基础设施的试点示范建设，制定辽宁企业互联建设标准和服务规范。在重点行业、重点企业组织开发传感和通信系统协议，支持企业依托互联网、物联网、局域网，建立将资源、信息、产品以及人紧密联系在一起的信息物理系统，实现人、设备与产品的实时联通、精确识别、有效交互，建设企业低时延、高可靠、广覆盖的信息物联系统。

第四，提升工业软件对智能制造发展的支撑能力。围绕"原""老""新"三大字号产业重点领域，大力支持企业和科研院所在设计、工艺、控

制、仿真等工业软件的研发和应用上加大投入力度，推动智能制造软件国产化率稳步提升。高规格建立全省工业软件测试验证平台，为国产工业软件从研发向应用转化提供支持和保障。基于物联网、云计算、大数据等新一代信息技术，加快普及产品生命周期管理，推动管理信息系统的综合集成，促进制造企业商业模式从产品驱动向数据驱动转变，从单一卖产品向依托智能产品卖服务转变，建立现代经营管理体系。

第八节　进一步优化营商环境，厚植智能制造发展新沃土

第一，提高政府服务效能。继续深化行政审批制度改革，在项目审批、工商登记、资格认定、土地利用等方面，减少和优化审批程序。继续深化"放管服"改革，深入推进"一网通办""一网统管""一网协同"，对智能制造领军企业、重点项目申报等开辟"绿色通道"。加强市场监管，重点完善知识产权保护机制。依法加大对各种侵犯知识产权和制售假冒伪劣商品违法行为的打击力度。

第二，制定竞争中性的产业政策。"对企业最大的支持就是不干预"，因此政府的产业支持政策应遵循竞争中性原则，做到公平、公正和可预期。这样的中性干预能最大程度地发挥政府的扶持作用，减少政府失灵，使企业能够专注于生产性事务进而提升竞争力，从而更加有力地鼓励企业家精神、营造企业家文化。

第三，推动企业家文化广泛传播。可以深入挖掘辽宁历史上典型的商业活动事迹，如营口、大连、锦州等沿海地区的通商历史，沈阳、大连等城市的著名商贾都是值得研究和宣传的，可在这些历史名城建设通商博物馆、广场和雕塑等文化设施，大力宣传辽宁企业家文化传统，弘扬企业家精神。

第四，积极培育有利于智能制造国际合作的商业氛围。大力完善政府机构商事管理体制机制，对接跨国公司实际需求，锁定德国宝马、大众、西门子，美国特斯拉、IBM等全球智能制造标杆企业，吸引其在辽宁设立总部或区域总部、智能制造研发机构、人才培训中心，建设智能制造示范工厂。支

持有条件的企业和产业园区，主动对接国内外智能制造先进标准，率先实现智能转型。探索利用产业基金等渠道支持智能制造关键技术装备、成套装备等产能走出去，实施海外投资并购。

第九节　推动有效市场和有为政府更好结合，明确智能制造发展新导向

第一，加强市场和政府双侧统筹协同推进。遵循市场经济规律，充分发挥市场在资源配置中的决定性作用，突出企业主体地位，调动企业推进智能制造的积极性和内生动力，制定适合企业实际情况的智能制造整体方案。加快转变政府职能，强化对智能制造发展的引导推动，针对制约制造业发展的瓶颈和薄弱环节，加强战略性谋划和前瞻性部署，统筹协调政府部门、大专院校、科研院所、金融机构和广大企业等各方优势资源，协同推进智能制造发展。

第二，进一步完善顶层设计，加强规划引导。高质量制定和实施辽宁智能制造"十四五"发展专项规划和行动计划，依靠"有效市场 + 有为政府"的新型发展机制，优化产业的区域布局和产业链、创新链、供应链。设立"智能装备产业发展专项"，引导企业主动对接传统制造企业，加快提升产业核心竞争力。扎实推进辽宁省智能制造重点改革实施产业，规范性地引导并标准化地建设产业发展体系，以高水平规划引领智能制造产业高质量改革发展。

第三，深化体制机制改革。全面推进体制机制深化改革，深化企业投资管理体制改革，实施企业投资负面清单、审批程序标准化清单和政府监督管理清单，落实企业投资自主权，促进民间资本投入工业领域。继续深化行政审批制度改革，精简审批事项，优化审批流程，缩短审批时限。完善工业园区管理体制机制，促进工业企业和项目向工业园区和产业集聚区集中。建立与自主创新导向相适应的科技研发、转化和评价机制，推动实施股权激励和科技成果转化奖励。

第十节 完善政策保障体系，构筑智能制造发展新机制

第一，构建完整的政策体系，为智能智造企业发展提供制度保证。加快落实对中小企业和初创企业的财税优惠政策，通过高新技术企业税收优惠和研发费用加计扣除等政策支持智能制造企业发展。构建"310N"政策体系，落实"3"即"三篇大文章"专项行动计划，加快出台和强化已经出台的《产业基础振兴工程实施方案》《制造业重点产业链建设实施方案》《工业互联网创新发展三年行动计划》《优质企业梯度培育行动方案》等10项配套政策文件。完善"N"，即会同发改、科技、财政等相关省直部门和指导各市制定的配套政策。

第二，提供更多优惠政策，针对性服务智能制造企业。主动对接国家智能制造相关战略、规划，争取智能制造专项、智能制造试点示范等国家专项和政策的支持。积极利用国家重大技术装备进口免税、首台（套）重大技术装备保险补偿机制等资金政策、促进辽宁省智能制造提档升级。推广沈阳市"一联三帮""三直一快"的工作模式，组成工作专班，主动上门宣传政策，全面实行个性化套餐服务，确保各类项目第一时间享受税费优惠政策。

第三，处理好政策制定、实施和评价的关系，提升政策效果。加强前期调研和咨询论证，提高政策设计的民主、科学和精准性；政策实施过程中应明确政策执行的主体、对象和标准，严格执行追责和奖惩办法；应加强政策评估的科学性和独立性，建立规范的政策评估指标体系和量化模型，推广第三方评估模式，减少政府部门对于政策评估的干预，切实提高政策评估的权威性。通过构建完善的政策体系，优化智能制造发展的规则和秩序，构筑智能制造发展新机制。

附录 辽宁在智能制造装备领域的领先优势

智能制造装备产业集中度高，行业垄断性普遍较强，垄断力量主要来自发达国家的领先跨国企业。可把智能制造装备产业链划分为自动化生产线集成、自动化装备、工业信息化、工业互联/物联网和智能化生产五大领域，其产业生态结构如表 A1 所示，可以看出，辽宁在数控机床、工业机器人等领域具有强大的产业基础，优势明显。

表 A1 智能制造产业链生态结构

序号	产业链领域	核心业务	业务形式	应用市场及规模	典型企业
1	自动化生产线集成	为终端客户提供应用解决方案；工业机器人软件系统开发和集成	关键设备生产线集成和工厂产线技术改造；现有设备升级和联网；工业控制、传动、通信、生产与管理信息等系统设计、系统成套、设备集成及 EPC 工程等服务	集中于汽车工业，规模已超百亿；2016 年市场空间达 134 亿～178 亿元；2020 年市场规模接近 830 亿元，2016～2020 年年均复合增长率可达 20%；拓展至农副食品加工业，酒、饮料和精制茶制造业，医药制造业，餐饮业，金属制造业行业和以家用电器制造、电子元器件、计算机和外部设备制造等为代表的电器机械和器材制造行业	国际：ABB、柯玛、KUKA；国内：新松机器人、大连奥托、成焊宝玛、晓奥享荣

序号	产业链领域	核心业务	业务形式	应用市场及规模	典型企业
2	自动化装备	工业机器人；数控机床	工业机器人生产制造与应用；数控机床生产、制造与应用	2016年我国工业机器人销量已高达9万台，占全球销量比重达31%；我国工业机器人密度仍偏低，截至2015年，每万人拥有数量达49台，仍显著低于全球每万人69台；2016～2020年我国工业机器人市场销售总规模将达1 653亿元；减速器、伺服系统、控制系统重要核心零部件受制于进口；2016年，中国数控金属切削机床产量为78万台，同比增长2.2%；2017～2021年年均复合增长率约为3.47%，2021年将达到85万台；2016年，中国数控金属成形机床产量31.8万台，同比增长4.3%；2017～2021年年均复合增长率约为6.33%，2021年达到38.9万台；到2020年我国数控机床行业的资产规模将达到2 700亿元；高端数控机床（数控系统）主要依靠进口，2016年我国数控机床进口额约为26亿美元	国际：ABB、FANUC、YASKA-WA、KUKA、西门子、德玛吉；国内：新松机器人、埃斯顿、沈阳机床、大连机床、济南机床、华中数控、广州数控

序号	产业链领域	核心业务	业务形式	应用市场及规模	典型企业
3	工业信息化	工业软件	工业软件系统研发、实施、集成和应用	产业由欧美企业主导，呈"两极多强"态势，SAP、Siemens 在多个领域均崭露头角，而 IBM、达索系统各自专业领域形成优势；2015 年全球 MES 软件的规模达到 78 亿美元，维持 17% 左右的高增长率；ERP 产业格局稳定，由 SAP 和 Oracle 两家企业主导；CAD 产业主导是 Autodesk 和达索系统；排名前五位的国内厂商占据整体市场份额较低，且其 96% 的销售在国内市场，全球份额不足 0.3%；我国工业软件产品多集中于 OA、CRM 等门槛较低的软件类型，国外产品在 MES、ERP、PLM 等主流工业软件市场居于主导地位	国际：SAP、Siemens、达索、Autodesk、PTC；国内：用友、金蝶、开目、CAXA
4	工业互联与物联网	RFID；机器视觉等物联技术；传感器	RFID、传感器生产制造	我国 RFID 企业缺乏芯片、中间件等关键核心技术，还未形成成熟的 RFID 产业链；国内机器视觉厂商多是引进国外产品做系统集成，从事生产机器视觉产品企业少；国内有 1 700 多家传感器生产研发企业，从事微系统研制、生产有 59 多家，已建成安徽、陕西、黑龙江三大传感器生产基地；2015 年我国传感器销售额突破 1 300 亿元，全球市场约为 1 770 亿美元，2017～2021 年全球传感器领域年均复合增长率超过 15%	国际：德国海德汉、英国雷尼绍；国内：歌尔声学、华润半导体、纳芯微电子

序号	产业链领域	核心业务	业务形式	应用市场及规模	典型企业
5	智能生产	3D 打印制造	3D 打印设备生产制造与应用	全球 3D 打印产业链初步形成,包括 3D 打印生产制造商、原材料供应商、3D 打印软件、3D 扫描和产品服务商等;2016 年,全球 3D 打印市场规模为 70 亿美元,至 2020 年将达到 212 亿美元,未来 5 年复合增速为 32%;消费电子和汽车行业各自贡献了 3D 打印总输入的 20%	国际:Stratasys、3D systems、EOS、ExOne 国内:大族激光、先临三维

在机床领域上市公司中,沈机市值排在第二位,总收入排在第五位,在行业中仍然占有重要地位;在工业机器人领域上市公司中,新松机器人公司总资产排第一,股东权益排第一,市值排第二,总收入排第三。另外,大连奥托、大连机床等也在智能制造装备产业领域占有重要地位。

在机器人产业链中,辽宁有 2 家企业,分别为新松机器人公司和大连智云自动化装备股份有限公司。其中新松机器人公司既是机器人本体制造商也是自动化生产线系统集成商,是我国机器人制造领域的重点企业,具有明显的竞争优势。大连智云是国内领先的成套自动化装备方案解决商,为制造企业提供自动化制造工艺系统研发及系统集成服务,在发动机制造领域,大连智云现技术和产品覆盖国内 95% 以上的生产企业。过硬的质量和优质的服务使智云得到了客户的青睐和认可,在国内具有较强竞争优势。

参 考 文 献

［1］鲍世赞、蔡瑞林：《智能制造共享及其用户体验：沈阳机床的例证》，载《工业工程与管理》2017 年第 3 期。

［2］蔡呈伟、戚聿东：《工业互联网对中国制造业的赋能路径研究》，载《当代经济管理》2021 年第 10 期。

［3］蔡跃洲、陈楠：《新技术革命下人工智能与高质量增长、高质量就业》，载《数量经济技术经济研究》2019 年第 5 期。

［4］曹湘洪等：《中国石化工程科技 2035 发展战略研究》，载《中国工程科学》2017 年第 1 期。

［5］柴天佑：《制造流程智能化对人工智能的挑战》，载《中国科学基金》2018 年第 3 期。

［6］柴天佑：《智能制造与智能优化制造》，2016 国家智能制造论坛会议论文，2016 年 9 月。

［7］陈林、朱卫平：《创新竞争与垄断内生——兼议中国反垄断法的根本性裁判准则》，载《中国工业经济》2011 年第 6 期。

［8］陈希敏、王小腾：《政府补贴、融资约束与企业技术创新》，载《科技管理研究》2016 年第 3 期。

［9］陈松洲：《创新型产业集群的形成机理及政府作用探析》，载《东莞理工学院学报》2015 年第 6 期。

［10］仇保兴：《小企业集群研究》，复旦大学出版社 1999 年版。

［11］党印：《公司治理与技术创新：综述及启示》，载《产经评论》2012 年第 6 期。

［12］邓洲：《促进人工智能与制造业深度融合发展的难点及政策建议》，载《经济纵横》2018 年第 8 期。

［13］东方雨：《辽宁制造业"数字化"转型摁下"强音键"》，载《中

国石油和化工》2021 年第 5 期。

[14] 董翰博:《打造数字辽宁"样板间"——沈抚示范区做好"三篇大文章"推动经济转型升级》,载《辽宁日报》2021 年 10 月 22 日。

[15] 范晓男、孟繁琨、鲍晓娜、曲刚:《人工智能对制造企业是否存在"生产率悖论"》,载《科技进步与对策》2020 年第 14 期。

[16] 葛冬冬:《"智能 +":为制造业转型升级赋能》,载《人民论坛》2019 年第 33 期。

[17] 工业和信息化部办公厅:《2015 年智能制造试点示范专项行动实施方案》,中华人民共和国工业和信息化部,2015 年 3 月 9 日。

[18] 工业和信息化部、人民银行、银保监会、证监会:《关于加强产融合作推动工业绿色发展的指导意见》,中华人民共和国工业和信息化部,2021 年 9 月 3 日。

[19] 古依莎娜等:《并行推进、融合发展——新一代智能制造技术路线》,载《中国工程科学》2018 年第 4 期。

[20] 关伟、满谦宁、许淑婷:《辽宁省制造业及其关联行业集聚格局与效应分析》,载《地理研究》2019 年第 8 期。

[21]《关于发布 2021 年辽宁省首批"揭榜挂帅"》,载《辽宁省科技技术厅》2021 年 3 月 2 日。

[22]《关于深化人才发展体制机制改革的意见》,载《辽宁日报》2021 年 8 月 31 日。

[23] 广东省工业和信息化厅:《关于省级制造业创新中心建设管理办法》,2020 年。

[24] 郭进:《传统制造业企业智能化的路径选择研究》,载《人文杂志》2021 年第 6 期。

[25] 郭威、闫琦峰:《辽宁传统工业拥抱数字化 加速推动产业转型升级》,央广网,2021 年 4 月 19 日。

[26] 郭哲、王晓阳:《美国的人才吸引战略及其启示》,载《科技管理研究》2019 年第 23 期。

[27] 国家发展和改革委员会:《关于扩大战略性新兴产业投资 培育壮大新增长点增长极的指导意见》,载《发展改革委》2020 年 9 月 11 日。

[28] 韩美琳、徐索菲、徐充:《东北地区制造业智能化转型升级的制

约因素及对策思考》，载《经济纵横》2020 年第 4 期。

[29] 韩明华、唐赟秋、郑大亮：《我国制造业智能化升级的现实困境与政策支持研究》，载《中共宁波市委党校学报》2021 年第 4 期。

[30] 何勤、李雅宁、程雅馨、李晓宇：《人工智能技术应用对就业的影响及作用机制研究——来自制造业企业的微观证据》，载《中国软科学》2020 年第 S1 期。

[31] 何文韬：《产业集聚对企业初始规模选择与持续生存的影响——基于辽宁省中小企业的分析》，载《经济地理》2019 年第 10 期。

[32] 何小钢、王善骝：《信息技术生产率悖论：理论演进与跨越路径》，载《经济学家》2020 年第 7 期。

[33] 侯广辉：《资源型企业的快速扩张与可持续发展的困境》，载《经济纵横》2007 年第 14 期。

[34] 胡晟明、王林辉、赵贺：《人工智能应用、人机协作与劳动生产率》，载《中国人口科学》2021 年第 5 期。

[35] 惠宁、白思：《打造数字经济新优势：互联网驱动区域创新能力提升》，载《西北大学学报》（哲学社会科学版）2021 年第 6 期。

[36] 纪成君、陈迪：《"中国制造 2025"深入推进的路径设计研究——基于德国工业 4.0 和美国工业互联网的启示》，载《当代经济管理》2016 年第 2 期。

[37] 江苏省工业和信息化厅：《江苏新一代信息技术产业取得新突破》，载《中国电子报》2020 年 9 月 8 日。

[38] 江苏省人民政府：《江苏省"十三五"智能制造发展规划》，2017 年。

[39] 姜李丹、薛澜、梁正：《人工智能赋能下产业创新生态系统的双重转型》，载《科学学研究》，https://doi.org/10.16192/j.cnki.1003-2053.20210825.002，2021 年 12 月 8 日。

[40] 景安磊、钟秉林：《一流工程技术人才培养的形势、问题和路径》，载《国家教育行政学院学报》2020 年第 3 期。

[41] 蓝涛、张龙鹏、曾志敏：《"智能 + 产业"融合发展的多维经济影响——基于中国产业层面的经验研究》，载《电子政务》2020 年第 7 期。

[42] 李连刚、张平宇、王成新等：《区域经济韧性视角下老工业基地经济转型过程——以辽宁省为例》，载《地理科学》2021 年第 10 期。

［43］李廉水等：《中国制造业 40 年：智能化进程与展望》，载《中国软科学》2019 年第 1 期。

［44］李舒沁、王灏晨、汪寿阳：《人工智能背景下制造业劳动力结构影响研究——以工业机器人发展为例》，载《管理评论》2021 年第 3 期。

［45］李文贵、余明桂：《民营化企业的股权结构与企业创新》，载《管理世界》2015 年第 4 期。

［46］李越：《辽宁着力加快推进制造强省建设步伐》，载《辽宁日报》2018 年 5 月 1 日。

［47］辽宁省工业和信息化厅：《辽宁省工业互联网创新发展三年行动计划（2021～2023 年)》，2021 年。

［48］辽宁省科学技术厅：《辽宁省科技创新引领改造升级"老字号"、深度开发"原字号"、培育壮大"新字号"三年行动方案》，载《辽宁省人民政府公报》2021 年第 14 期。

［49］辽宁省人民政府：《辽宁省"十三五"科学和技术发展规划纲要》，辽宁省人民政府网，2018 年 5 月 8 日。

［50］辽宁省智造强省建设领导小组办公室：《辽宁省智能制造工程实施方案》，2016 年。

［51］刘斌、潘彤：《人工智能对制造业价值链分工的影响效应研究》，载《数量经济技术经济研究》2020 年第 10 期。

［52］刘钒、向叙昭：《智能制造与湖北制造业智能化转型指向》，载《社会科学动态》2021 年第 7 期。

［53］刘文仲：《中国钢铁工业智能制造现状及思考》，载《中国冶金》2020 年第 6 期。

［54］刘义臣、沈伟康、刘立军：《科技金融与先进制造业创新发展的动态耦合协调度研究》，载《经济问题》2021 年第 12 期。

［55］刘颖琦、席锐、周菲：《智能网联汽车产业技术创新优化路径研究——基于 DEMATEL 和系统动力学模型的实证分析》，载《软科学》2021 年第 9 期。

［56］卢阳光等：《流程工业数字工厂建设的标准化——以石油化工行业为例》，载《中外能源》2019 年第 7 期。

［57］卢阳光等：《中国智能制造研究现状的可视化分类综述——基于

CNKI（2005~2018）的科学计量分析》，载《工业工程与管理》2019 年第 4 期。

［58］鲁桐、党印：《公司治理与技术创新：分行业比较》，载《经济研究》2014 年第 6 期。

［59］吕铁、韩娜：《智能制造：全球趋势与中国战略》，载《人民论坛·学术前沿》2015 年第 11 期。

［60］吕越、谷玮、包群：《人工智能与中国企业参与全球价值链分工》，载《中国工业经济》2020 年第 5 期。

［61］罗序斌：《传统制造业智能化转型升级的实践模式及其理论构建》，载《现代经济探讨》2021 年第 11 期。

［62］马相东：《人工智能的双重效应与中国智能经济发展》，载《中共中央党校（国家行政学院）学报》2020 年第 2 期。

［63］毛其淋、许家云：《政府补贴对企业新产品创新的影响——基于补贴强度"适度空间"的视角》，载《中国工业经济》2015 年第 6 期。

［64］孟凡丽、翟功利：《沈阳建设智造强市的对策研究》，第十八届沈阳科学学术年会论文集，2021 年 4 月。

［65］孟亮、梁莹莹、王宇：《辽宁先进装备制造业智能制造转型升级的路径分析》，载《当代经济》2021 年第 8 期。

［66］孟韬、赵非非、关钰桥等：《"智能＋"时代智能制造后发企业从追赶到超越的演化与机理研究——以新松机器人公司为例》，载《管理学刊》2021 年第 1 期。

［67］潘越、潘健平、戴亦一：《公司诉讼风险、司法地方保护主义与企业创新》，载《经济研究》2015 年第 3 期。

［68］《培养更多高素质技术技能人才》，载《人民日报》2021 年 7 月 25 日。

［69］钱锋：《人工智能赋能流程制造》，载《科技导报》2020 年第 22 期。

［70］钱锋等：《流程工业智能优化制造的基础理论与关键技术》，载 *Engineering*，2017，3（2）：14－27。

［71］钱锋、桂卫华：《人工智能助力制造业优化升级》，载《中国科学基金》2018 年第 3 期。

［72］《让更多技能人才脱颖而出》，载《人民日报》2021 年 5 月 13 日。

[73] 任保平、宋文月：《新一代人工智能和实体经济深度融合促进高质量发展的效应与路径》，载《西北大学学报》（哲学社会科学版）2019 年第 5 期。

[74] 任佳妮、张薇、杨阳等：《"人工智能 + 医疗"新兴技术识别研究——以医疗机器人为例》，载《情报杂志》2021 年第 8 期。

[75] 任明超、王林：《智能制造业：东北振兴的下一个"风口"》，载《中国青年报》2016 年 3 月 28 日。

[76] 山东省工业和信息化厅：《关于大力推进"现代优势产业集群 + 人工智能"的指导意见》，2019 年。

[77] 上海市经济和信息化委员会：《上海市智能制造行动计划（2019 ~ 2021 年）》，2019 年。

[78] 申世英：《升级"老字号"开发"原字号"培育"新字号"》，载《工人日报》2021 年 6 月 28 日。

[79] 石琳：《产业结构高度化下的东北资源型城市转型》，载《税务与经济》2019 年第 5 期。

[80] 宋歌：《数字经济时代加快传统制造业转型升级研究》，载《产业创新研究》2019 年第 12 期。

[81] 孙大卫：《东北制药国家智能制造项目通过验收》，载《辽宁日报》2019 年 2 月 27 日。

[82] 孙大卫：《辽宁省发布 1453 个数字化应用场景需求》，载《辽宁日报》2021 年 10 月 19 日。

[83] 孙大卫：《辽宁省制造业智能化改造升级取得阶段性成果》，载《辽宁日报》2017 年 3 月 24 日。

[84] 孙早、侯玉琳：《人工智能发展对产业全要素生产率的影响——一个基于中国制造业的经验研究》，载《经济学家》2021 年第 1 期。

[85] 唐堂等：《全面实现数字化是通向智能制造的必由之路——解读〈智能制造之路：数字化工厂〉》，载《中国机械工程》2018 年第 3 期。

[86] 唐未、傅元海、王展祥：《技术创新、技术引进与经济增长方式转变》，载《经济研究》2014 年第 7 期。

[87] 唐晓华、景文治：《多级政府框架下信号激励行为与地区经济增长》，载《当代经济科学》2019 年第 6 期。

［88］唐晓华、景文治：《多级政府框架下政策倾向扩散机制与地区生产结构升级——基于政府行为内生化的新结构一般均衡仿真分析》，载《经济与管理研究》2020 年第 11 期。

［89］唐晓华、景文治：《基于脉冲响应分析的新产品研发投入双向滞后效应研究——以东北地区电子及通信设备制造业为例》，载《辽宁大学学报》（哲学社会科学版）2018 年第 1 期。

［90］唐晓华、景文治：《结构驱动的政策倾向选择与地区产业结构升级——基于政府行为内生化新结构一般均衡框架的分析》，载《上海经济研究》2021 年第 11 期。

［91］唐晓华、景文治：《人工智能赋能下现代柔性生产与制造业智能化升级研究》，载《软科学》2021 年第 8 期。

［92］唐晓华、景文治、张英慧：《人工智能赋能下关键技术突破、产业链技术共生与经济"脱虚向实"》，载《当代经济科学》2021 年第 5 期。

［93］唐晓华、李静雯：《区域创新、工业智能化与产业结构升级》，载《经济与管理研究》2021 年第 10 期。

［94］唐一军：《2018 年辽宁省政府工作报告》，辽宁省人民政府网，2018 年 2 月 2 日。

［95］唐一军：《2020 年辽宁省政府工作报告》，辽宁省人民政府网，2020 年 1 月 17 日。

［96］滕修攀、魏云飞、程德俊、卜令通：《产业互联网背景下传统制造业的转型路径探索：商业模式创新案例分析》，载《管理现代化》2020 年第 4 期。

［97］天津市人民政府：《打造"双创"升级版若干措施的通知》，2019 年。

［98］王春梅等：《综述钢铁行业智能制造的相关技术》，载《中国冶金》2018 年第 7 期。

［99］王贵东：《中国制造业企业的垄断行为：寻租型还是创新型》，载《中国工业经济》2017 年第 3 期。

［100］王缉慈：《创新的空间：企业集群与区域发展》，北京大学出版社 2003 年版。

［101］王健忠、高明华：《反腐败、企业家能力与企业创新》，载《经济管理》2017 年第 6 期。

[102] 王金海：《辽宁推进产业结构调整，切实做好三篇大文章》，载《辽宁日报》2021年5月11日。

[103] 王小霞、蒋殿春、李磊：《最低工资上升会倒逼制造业企业转型升级吗？——基于专利申请数据的经验分析》，载《财经研究》2018年第12期。

[104] 王永钦、董雯：《机器人的兴起如何影响中国劳动力市场？——来自制造业上市公司的证据》，载《经济研究》2020年第10期。

[105] 王媛媛、宗伟：《第三次工业革命背景下推进我国智能制造业发展问题研究》，载《亚太经济》2016年第5期。

[106] 王振宏、孙仁斌、石庆伟、段续、辛林霞：《成就未来的新动力 激发振兴的新希望——东北新经济发展折射供给侧结构性改革新动向》，新华网，2016年10月18日。

[107] 韦东明、顾乃华、韩永辉：《人工智能推动了产业结构转型升级吗——基于中国工业机器人数据的实证检验》，载《财经科学》2021年第10期。

[108] 《我省通过"双招双引""揭榜挂帅"吸引高端人才团队216个"带土移植"项目入库》，载《辽宁日报》2021年08月31日。

[109] 吴超鹏、唐菂：《知识产权保护执法力度、技术创新与企业绩效——来自中国上市公司的证据》，载《经济研究》2016年第11期。

[110] 吴飞等：《人工智能的回顾与展望》，载《中国科学基金》2018年第3期。

[111] 吴非、杜金岷、李华民：《财政科技投入、地方政府行为与区域创新异质性》，载《财政研究》2017年第11期。

[112] 吴旺延、刘珺宇：《智能制造促进中国产业转型升级的机理和路径研究》，载《西安财经大学学报》2020年第3期。

[113] 吴维锭、张潇剑：《人工智能致第三方损害的责任承担：法经济学的视角》，载《广东财经大学学报》2019年第3期。

[114] 吴先华等：《从"中国制造"到"中国智造"——2014（中国工业经济）青年作者学术研讨会观点综述》，载《中国工业经济》2014年第11期。

[115] 吴延兵：《企业规模、市场力量与创新：一个文献综述》，载

《经济研究》2007 年第 5 期。

[116] 习近平：《推动新一代人工智能健康发展 更好造福世界各国人民》，载《人民日报》2019 年 5 月 17 日。

[117] 习近平：《习近平在东北三省考察并主持召开深入推进东北振兴座谈会》，中华人民共和国中央人民政府，2018 年 9 月 28 日。

[118] 肖晗：《辽宁医药制造业创新驱动发展现状与建议》，载《中国市场》2021 年第 10 期。

[119] 谢萌萌、夏炎、潘教峰、郭剑锋：《人工智能、技术进步与低技能就业——基于中国制造业企业的实证研究》，载《中国管理科学》2020 年第 12 期。

[120] 徐硕、余碧莹：《中国氢能技术发展现状与未来展望》，载《北京理工大学学报》（社会科学版）2021 年第 6 期。

[121] 亚当·斯密：《国民财富的性质和原因的研究》，商务印书馆 1981 年版。

[122] 杨青峰：《产用融合——智能技术群驱动的第五制造范式》，载《中国科学院院刊》2019 年第 1 期。

[123] 杨汝岱：《中国制造业企业全要素生产率研究》，载《经济研究》2015 年第 2 期。

[124] 杨芷、李亚杰：《辽宁高技术产业技术创新财政政策研究》，载《地方财政研究》2021 年第 7 期。

[125] 姚爽、才健：《东北地区"老""原""新"产业发展评价体系研究》，载《科技和产业》2018 年第 5 期。

[126] 殷瑞钰：《关于智能化钢厂的讨论——从物理系统一侧出发讨论钢厂智能化》，载《钢铁》2017 年第 6 期。

[127] 殷瑞钰：《"流"、流程网络与耗散结构——关于流程制造型制造流程物理系统的认识》，载《中国科学：技术科学》2018 年第 2 期。

[128] 尹峰：《智能制造评价指标体系研究》，载《工业经济论坛》2016 年第 6 期。

[129] 于勇：《唐钢智能制造的信息化架构设计》，载《钢铁》2017 年第 1 期。

[130] 余乃忠：《人工智能时代的中国机遇：第四次科技革命的领导

者》，载《重庆大学学报》（社会科学版）2020 年第 2 期。

［131］余稳策、张雪妍：《制造业重塑与中国制造业转型研究》，载《河南社会科学》2017 年第 7 期。

［132］余泳泽、刘大勇：《我国区域创新效率的空间外溢效应与价值链外溢效应——创新价值链视角下的多维空间面板模型研究》，载《管理世界》2013 年第 7 期。

［133］袁晴棠等：《面向 2035 的流程制造业智能化目标、特征和路径战略研究》，载《中国工程科学》2020 年第 3 期。

［134］张波、黄涛、杨凤田：《通用航空工业市场的培育瓶颈与运营模式》，载《宏观经济管理》2019 年第 1 期。

［135］张建辉、高毅、郑易平：《制造强国背景下高校创新型人才培养路径》，载《江淮论坛》2021 年第 3 期。

［136］张杰、芦哲、郑文平、陈志远：《融资约束、融资渠道与企业 R&D 投入》，载《世界经济》2012 年第 10 期。

［137］张龙鹏、张双志：《技术赋能：人工智能与产业融合发展的技术创新效应》，载《财经科学》2020 年第 6 期。

［138］张涛、马海群：《中国人工智能政策主题热点及演进分析》，载《现代情报》2021 年第 11 期。

［139］张显华、冯位东：《大步迈向"智造"强省》，载《中国信息报》2017 年 10 月 18 日。

［140］赵烁、陆瑶、王含颖、彭章：《人工智能对企业价值影响的研究——来自中国智能制造试点示范项目公告的证据》，载《投资研究》2019 年第 9 期。

［141］浙江省经济和信息化厅：《浙江数字化车间/智能工厂建设实施方案（2019～2022 年）》，2019 年。

［142］郑琼洁、王高凤：《人工智能技术应用与中国制造业企业生产率——兼对"生产率悖论"的再检验》，载《学习与实践》2021 年第 11 期。

［143］郑琼洁、王高凤：《人工智能驱动制造业价值链攀升：何以可能，何以可为》，载《江海学刊》2021 年第 4 期。

［144］中国工程院制造强国战略研究项目组：《服务型制造》，电子工业出版社 2016 年版。

［145］中国工程院制造强国战略研究项目组:《智能制造》,电子工业出版社 2016 年版。

［146］《中国智能制造绿皮书》编委会:《中国智能制造绿皮书》,电子工业出版社 2017 年版。

［147］周斐辰:《日本科技创新战略重点及施策方向解析——基于日本〈科学技术创新综合战略 2020〉》,载《世界科技研究与发展》2021 年第 4 期。

［148］周黎安、罗凯:《企业规模与创新:来自中国省级水平的经验证据》,载《经济学(季刊)》2005 年第 2 期。

［149］周亚虹、贺小丹、沈瑶:《中国工业企业自主创新的影响因素和产出绩效研究》,载《经济研究》2012 年第 5 期。

［150］朱勇、方倩史、乐峰、吕璐:《战略性新兴产业发展研究述评》,载《创新科技》2021 年第 7 期。

［151］邹明仲:《辽宁推动制造业数字化赋能》,载《经济参考报》2021 年 7 月 22 日。

［152］Abdalla M. Abdalla, Shahzad Hossain, Ozzan B. Nisfindy, et al. Hydrogen Production, Storage, Transportation and Key Challenges with Applications: A review. *Energy Conversion and Management*, 2018.

［153］Acemoglu D. , Restrepo P. Robots and Jobs: Evidence from US Labor Markets. NBER Working Papers, 2017.

［154］Acemoglu D. , Restrepo P. The Race between Machine and Man: Implications of Technology for Growth, Factor Shares and Employment. NBER Working Papers, 2016.

［155］Acs Z. J. , Audretsch D. B. Entrepreneurship, Innovation and Technological Change. *Foundations and Trends（R）in Entrepreneurship*, 2005, 1（4）:149 – 195.

［156］Adner R. , Kapoor R. Value creation in innovation ecosystems: how the structure of technological interdependence affects firm performance in new technology generations. *Strategic Management Journal*, 2010, 31（3）:306 – 333.

［157］Aghion P. , Bloom N. , Griffith R. , et al. Competition and Innovation: An Inverted U Relationship. *Quarterly Journal of Economics*, 2005, 120（2）.

[158] Aghion P. , Howitt P. , Prantl S. *Patent Rights*, *Product Market Reforms*, *and Innovation*. Social Science Electronic Publishing, 2015, 20 (3): 223 - 262.

[159] Aghion P. , Howitt P. A model of growth through creative destruction. *Econometrica*, 1992, 60 (2): 323 - 351.

[160] Aghion P. , Jones B. F. , Jones C. I. Artificial Intelligence and Economic Growth. NBER Working Papers, 2017.

[161] Almeida R. K. Openness and Technological Innovation in East Asia: Have They Increased the Demand for Skills? *Asia - Pacific Development Journal*, 2010, 17.

[162] Azadegan A. , Wagner S. M. Industrial upgrading, exploitative innovations and explorative innovations. *International Journal of Production Economics*, 2011, 130 (1): 54 - 65.

[163] Bao Y. , Chen X. , Zhou K. Z. External learning, market dynamics, and radical innovation: Evidence from China's high-tech firms. *Journal of Business Research*, 2012, 65 (8): 1226 - 1233.

[164] Baslandze S. The Role of the IT Revolution in Knowledge Diffusion, Innovation and Reallocation. Meeting Papers. Society for Economic Dynamics, 2015.

[165] Baumol W. J. Macroeconomics of Unbalanced Growth: The Anatomy of Urban Crisis. *American Economic Review*, 1967, 57 (3): 415 - 426.

[166] BengtAke Lundvall. Small National Systems of Innovation Facing Technological Revolutions: An analytical Framework, 1988.

[167] Bers J. A. , Dismukes J. P. , Mehserle D. , et al. Extending the Stage - Gate Model to Radical Innovation-the Accelerated Radical Innovation Model. *Journal of the Knowledge Economy*, 2014, 5 (4): 706 - 734.

[168] Bi K. , Huang P. , Wang X. Innovation Performance and Influencing Factors of Low-carbon Technological Innovation under the Global Value Chain: A Case of Chinese Manufacturing Industry. *Technological Forecasting & Social Change*, 2016, 111: 275 - 284.

[169] Brandt L. , Biesebroeck J. V. , Zhang Y. Creative Accounting or

Creative Destruction? Firm-level Productivity Growth in Chinese Manufacturing. *Journal of Development Economics*, 2012, 97 (2): 339 – 351.

[170] Breschi S., Malerba F., Orsenigo L. Technological Regimes and Schumpeterian Patterns of Innovation. *The Economic Journal*, 2010, 110.

[171] Caselli F., Coleman Ii W. J. The World Technology Frontier, CEPR Discussion Papers, 2000.

[172] Cheng H., Jia R., Li D., et al. The Rise of Robots in China, Social Science Electronic Publishing.

[173] Cheong T. S., Wu Y. The Impacts of Structural Transformation and Industrial Upgrading on Regional Inequality in China. *China Economic Review*, 2014, 31: 339 – 350.

[174] Chiesa V., Manzini R., Tecilla F. Selecting Sourcing Strategies for Technological Innovation: An Empirical Case Study. *International Journal of Operations & Production Management*, 2000, 20 (9): 1017 – 1037.

[175] Choi S. B., Park B. I., Hong P. Does Ownership Structure Matter for Firm Technological Innovation Performance? The Case of Korean Firms. *Corporate Governance-an International Review*, 2012, 20: 267 – 288.

[176] Comin D. A., Ferrer M. M. Technology Diffusion: Measurement, Causes and Consequences. *Institute for New Economic Thinking*, 2013.

[177] César Camisón, Ana Villar – López. Organizational Innovation as an Enabler of Technological Innovation Capabilities and Firm Performance. *Journal of Business Research*, 2014, 67 (1): 2891 – 2902.

[178] Daron Acemoglu, Pascual Restrepo. The Race between Man and Machine: Implications of Technology for Growth, Factor Shares, and Employment. *American Economic Review*, 2018 (6).

[179] Demarzo P., Kaniel R., Kremer I. Technological innovation and real investment booms and busts. *Journal of Financial Economics*, 2007, 85 (3): 735 – 754.

[180] Devereux M. B., Xu L. J. Exchange Rates and Monetary Policy in Emerging Market Economies. *Economic Journal*, 2006, 116 (511): 478 – 506.

[181] Dong F., Guo Y., Peng Y., et al. *Economic Slowdown and Housing*

Dynamics in China: A Tale of Two Investments by Firms. Social Science Electronic Publishing.

[182] Dong X. , Mcintyre S. H. The Second Machine Age: Work, Progress, and Prosperity in a Time of Brilliant Technologies. *Quantitative Finance*, 2014, 14 (11): 380 – 383.

[183] Duguet E. Knowledge Diffusion, Technological Innovation and TFP Growth at the Firm Level: Evidence from French Manufacturing. Papiers Deconomie Mathã© matique Et Applications, 2001.

[184] Ettlie J. E. , O'Keefe B. R. D. Organization Strategy and Structural Differences for Radical Versus Incremental Innovation. *Management Science*, 1984, 30 (6): 682 – 695.

[185] Freeman C. *The Economics of Industrial Innovation.* London: Frances Printer, 1982.

[186] Furman J. , Seamans R. AI and the Economy, Social Science Electronic Publishing, 2018.

[187] Garicano, Luis. Hierarchies and the Organization of Knowledge in Production. *Journal of Political Economy*, 2000.

[188] Georg Graetz, Guy Michaels. Robots at Work. *Review of Economics and Statistics*, 2018 (5).

[189] Hamberg D. *Essays on the Economics of Research and Development.* New York: Random House, 1966.

[190] Horowitz I. Firm Size and Research Activity. *Southem Economic Journal*, 1962, 28: 298 – 301.

[191] Jiming Wang. Theoretical research and application of petrochemical Cyber-physical Systems. *Frontiers of Engineering Management*, 2017, 4 (3): 242 – 255.

[192] Judit Monostori. Supply chains robustness: Challenges and opportunities. Procedia CIRP, 2018.

[193] Michael E. Porter. Clusters and the New Economics of Competition. *Harvard Business Review*, 1998 (11): 26 – 30.

[194] Ray Y. Zhong, et al. Intelligent Manufacturing in the Context of In-

dustry 4. 0：A Review. *Engineering*，2017，3（5）：616 – 630.

［195］R. N. Lumley. 智能流程制造最新进展 . *Engineering*，2019，5（6）：993 – 994，1101 – 1102.

［196］Schumpeter J. A. *Capitalism*，*Socialism and Democracy*. New York：Harper and Row，1950.

［197］Thomas Elmqvist，Erik Andersson，Niki Frantzeskaki et al. Sustainability and resilience for transformation in the urban century. *Nature Sustainability*，2019（4）.

［198］Weber A. *Alfred Weber' Theory of the Locmion of Industries*. Friedrich C，Trans. Chicago：University of Chicago Press，1929：161 – 165.

后　记

本书是在辽宁省委 2021 年决策咨询和新型智库专项研究重点课题"关于加快智造强省建设的对策建议"研究报告基础上，经过进一步论证和完善而形成的研究成果。该成果是"辽宁大学先进制造业研究中心"团队的又一专项研究成果。

本书由唐晓华教授负责提出总体研究思路，确定研究框架，组织开展论证研究和撰写工作。本书主要研究和撰写分工如下：引言（唐晓华）、第一章（徐雷、刘蕊）、第二章（唐晓华）、第三章（刘蕊、景文治）、第四章（余建刚）、第五章（迟子茗）、第六章（李静雯）、第七章（高宏伟、李茹）、第八章（徐雷、赵翠明）、后记（唐晓华）。此外，张丹宁、郭晓玲和姜楠参与了本书前期的讨论与论证。全书最后由唐晓华教授审核定稿。

本书是在数字经济迅猛发展的背景下，智能制造作为一种新型的生产方式，已然成为制造业全球市场竞争的焦点。当下，数字产业化、产业数字化不断将智能制造推进到一个新的阶段。智能制造是中国制造业实现高质量发展的战略选择，是中国制造业参与国际竞争的"新赛道"。对于这样一个新问题，本书只是结合辽宁省智能制造发展问题，作了一些理论基础和实践探索的新尝试。未来我们这个团队还将在这一领域继续开展深度研究，希望能够取得更多、更有价值的研究成果。

本书在研究过程中，积极借鉴了国内外专家学者的前期研究成果，在此一并表示感谢。同时，在本书的出版过程中，经济科学出版社的编辑朋友们，做了大量的编辑、校对和出版等各项工作，对此，我们也一并表示感谢。

唐晓华

2022 年 2 月于沈阳